L 30/98

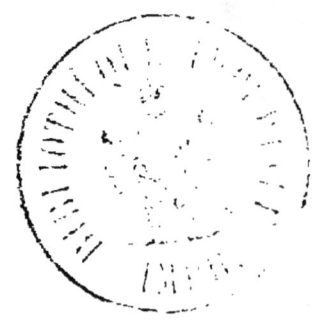

MES

PENSÉES EN VOYAGE

Paris. — Imprimerie L. GUÉRIN, 26, rue du Petit-Carreau.

MES

PENSÉES

EN VOYAGE

EXCURSIONS DANS LES PYRÉNÉES

PAR

Mme LA BARONNE DE MONTARAN

> « Qu'on me conduise auprès des monts
> que j'aime, où rugit le torrent dans ses
> éclats sauvages. Je ne demande qu'une
> chose : c'est de pouvoir vivre au milieu des
> scènes qui ont ravi ma jeunesse. »
> BYRON.

PARIS
CHALLAMEL AÎNÉ, ÉDITEUR
27, RUE DE BELLECHASSE, ET 30, RUE DES BOULANGERS.

1868

MES PENSÉES EN VOYAGE

EXCURSIONS DANS LES PYRÉNÉES

CHAPITRE PREMIER

Départ de Paris. — Quelques jours à Vichy. — Rencontre en chemin de fer. — Bordeaux. — Hôtel de Ville et Musée. — La prison cellulaire. — Cimetière de Bordeaux. — Départ.

On dit : Comme il est bon de voyager au bel âge des songes, au seuil de la jeunesse, dans les premiers enchantements de la vie ; et moi j'ajouterai : Comme il est bon de voyager dans les heures d'automne, qui précèdent l'hiver, lorsqu'on n'a que peu d'espoir, fort peu de désirs, voire même un certain fond d'ennui ; c'est bien à cette heure qu'on doit partir !

Il faut à l'esprit indépendant les libres espaces, les pays nouveaux, les beaux lointains, les horizons lumineux ! Enfermez-le, il dort, il languit, il meurt !..

Vive, vive le voyage, avec tout le charme saisissant de l'invraisemblable et de l'imprévu !

Ne demandons pas à Dieu les honneurs, les richesses ou le retour de nos belles années envolées et flétries ! Demandons-lui plutôt un parfait accord d'esprit, une communion intime avec la nature; demandons-lui de nous laisser, aux confins de la carrière, l'enthousiasme du beau, toujours aussi vif qu'à nos premiers jours !

Le changement de lieu coupe les fièvres du cœur; la poussière du chemin les guérit. La sérénité du ciel, la tiédeur de l'air, les grandes scènes en pleine lumière, les monts superbes, la sombre sévérité des rocs, la nature souriante dans les vallées, la mer, la mer, ce grand miroir du ciel ! Voilà le temple où Dieu se révèle à l'homme dans toute sa puissance, dans toute sa splendeur !

Qu'est-ce que le voyage pour certaines âmes ? L'antidote de l'ennui, du repos qui les tuerait lentement, mais sûrement. Plus sages, peut-être, sont celles qui n'ont pas pris leur vol au delà de la sphère étroite où le sort les enchaîne.

Il ne faut pas, dit-on, céder aux caprices de l'esprit ; l'imagination, si vous la laissez libre, arpentera le globe et ne se posera nulle part. Elle ira des ruines de l'Égypte à celles de la Grèce ; elle fera à peine une halte sous les ombrages séculaires où les abeilles de l'Attique déposaient leur miel ; puis elle ira se perdre bien par delà le réel, dans le pays des fictions.

Je répondrai : « Gardons nos goûts et nos instincts tels que la nature nous les a faits. Ceux qu'on veut se donner demandent un effort qui souvent est stérile ; vivre d'idéal, c'est vraiment vivre ! Le réel n'est pas le vrai, car il change, l'idéal seul ne change pas ; seul, il est vrai ! seul, il est éternel ! »

J'ai une telle habitude d'enregistrer ma vie qu'il est naturel qu'un voyage en remplisse quelques pages. Le rivage du passé apparaît encore à mes yeux ; les scènes dont il s'est enrichi, accourent à ma voix qui les rappelle ; elles m'apportent un nom, un site, une image ; chaos dans un ordre peu apparent peut-être, mais non pas sans harmonie, où tout se lie, comme se lient les anneaux d'une chaîne invisible.

Ces souvenirs se réveillent au fond de ma retraite, où je vis seule avec moi-même, tristement, mais fièrement ! La solitude fait écrire, car elle fait penser.

J'aime cette éclosion des idées sans soin, sans travail. Je laisserai donc courir ma plume ; elle effleurera tous les sujets, en gardant son indépendance ; elle ira par monts et par vaux, comme en voyage je passe d'une contrée à une autre.

Je dirai la vérité. L'énergie de mon caractère m'a toujours permis la sincérité avec moi-même comme avec les autres.

Je me permettrai aussi des réflexions, voire même des aveux. On dit au public ce qu'on ne dirait pas bien bas à l'oreille d'une amie. Le public est un être de raison ; on ne craint pas de lui faire d'intimes confidences ; on n'a pas besoin, avec lui, d'un style apprêté ; si vous avez senti, vous saurez peindre.

J'étais à Vichy. J'allais quitter cette vie des eaux, oisive avant tout, où les heures sont dévorées par un parlage sans but et sans fin. Toujours les mêmes médisances, toujours les mêmes niaiseries, qui datent de Mme de Sévigné, laquelle adressait le 13 juin 1676, les lignes suivantes à Mme de Grignan :

« Dès six heures du matin, tout est en l'air : coiffure

hurlupée, poudrée, frisée, bonnet à la *bascule*, rouge, mouches, petite coiffe qui pend, éventail, corps de jupe long et serré ; c'est pour pâmer de rire. »

Les choses n'ont guère changé de nos jours, et Vichy a gardé sa même physionomie avec son monde de passage et ses caquets quotidiens.

Cette vie de quelques semaines pourrait plaire, si un heureux hasard vous y faisait rencontrer des esprits d'élite, avec lesquels on tenterait un échange habituel d'idées, enfin de ces causeries qui vivent de loisir et de liberté.

Je suis souvent éblouie par les gerbes phosphorescentes d'esprit et de saillies des aimables desœuvrés de nos salons parisiens. Elles luisent un moment, puis s'éteignent comme les bouquets des feux d'artifice de nos jours de fête. Ce qui me plaît surtout, c'est la conversation intime des rêveurs, penseurs, artistes, poëtes, savants, dictionnaires reliés en peau humaine qu'on aime à feuilleter.

Mais le dirai-je ? L'atmosphère assez tiède des salons finit par affadir l'esprit ; celle des cours serait plus mortelle encore. Que de gens qui vivent dans une servile dépendance, et qui, semblables à nos valets, n'ont qu'un galon de plus à leur livrée.

Dans ce monde futile où l'on vous enseigne des choses ennuyeuses à apprendre et inutiles à savoir, que de grands seigneurs qui se croient de grands génies ! Ils ont pris la peine de naître et rien de plus. Toutefois, j'en ai rencontrés, qui joignaient à leurs parchemins des brevets de talent et d'esprit ; il est fâcheux qu'ils ne représentent que l'exception.

Qui donc, à chaque pas sur sa route, ne se heurte à d'honnêtes médiocrités ? Gens d'affaires et d'intrigues, gros millionnaires, diminutifs de l'humanité, ennuyés et partant ennuyeux. Leurs billets de banque sont impuissants à leur acheter l'esprit qui leur manque et à rendre le goût à leur palais blasé. Ce sont autant d'Apicius qui donneraient une partie de leur fortune pour qu'un nouveau mets vînt exciter leur appétit. Mais j'aime à croire que s'ils perdaient leur argent, ils n'auraient pas, comme le célèbre gastronome romain, le stoïque courage de s'empoisonner pour ne pas mourir de faim.

Qui, encore, n'a coudoyé, sur son chemin, de beaux esprits restés à l'état d'intention ? Ceux-là ne sont *beaux esprits* que pour eux-mêmes, et cependant, s'ils sont millionnaires ou puissants, un piédestal de complaisance leur sera érigé à domicile ; qui sait même si l'avenir ne leur réserve pas une statue sur l'une de nos places publiques ?

Puis, viendra la foule des *dandies*, jeunes vieillards ou bien enfants en cheveux blancs, comme les Richelieu et les Brummel. Les esprits loyaux et primesautiers ont décidément peu de chose à faire dans un monde déchu comme le nôtre, où les gens qui font plus de bêtises qu'ils n'en disent, sont réputés gens d'esprit, attendu que les sots en disent autant qu'ils en font.

Dans cette vie des eaux, on est soumis aux exigences d'une représentation habituelle, pleine de visites et de lieux communs.

Ici comme ailleurs, le métier de *femme à la mode* laisse peu de place à l'intelligence. Dans l'élégante uniformité de sa vie, il semble que pour elle l'ennui réside au fond de toutes choses. Jeune, choyée, fêtée, adulée, tout lui est facile; mais si vous lui supposez quelques tendances sérieuses, l'ennui entrera chez elle par toutes les portes, escorté de l'oisivité et du convenu. Elle peut lire, me direz-vous. Lire? mais on ne lit plus; les livres sont faits pour les chemins de fer ou pour les jours de pluie. La lecture n'est plus qu'une dernière extrémité. Elle pourra réfléchir ou rêver, me direz-vous encore?... Malheur à elle dans ce cas! Car si ses pensées se retournent en dedans, elle ne verra plus ce qu'on lui montre, mais bien le fond même des choses qu'on ne lui montre pas.

Et qu'est-ce que l'ennui ? où n'entre-t-il pas ? Mme de Maintenon, au faîte de la fortune, disait à son frère, dans ses heures de découragement : « Je n'en puis plus d'ennui ! Je voudrais être morte ! » — « C'est probablement, lui répondait-il, que vous avez envie d'épouser Dieu le Père ! »

J'ai observé que dans ce monde, pour acquérir et plus encore pour conserver la réputation de femme d'esprit, il s'agit moins de montrer aux autres celui qu'on a que de leur faire croire à celui qu'ils n'ont pas. Voulez-vous rendre les visites courtes ? commencez à parler de vous ; voulez-vous les prolonger ? engagez les autres à parler d'eux-mêmes. Science plus commode que de faire à soi seul les frais de l'entretien. Lord Chesterfield disait judicieusement à son fils, afin qu'il ne prodiguât pas son esprit : « Mon fils, payez votre écot ; mais ne payez pas pour toute la compagnie ! Savez-vous ce qui, généralement, plaît plus encore ? ce sont les éloges hypocrites, les compliments non mérités. Si vous avez besoin de quelqu'un monté sur un âne, dites-lui : « Quel beau cheval vous avez là, Monseigneur ! »

Dans ce siècle positif, où l'on est encore plus avare de son cœur que de sa bourse, l'amour, aux eaux comme ailleurs, n'est plus qu'un incident, une affaire.

Malgré tout, il vaut encore mieux vivre aux eaux qu'y mourir. On ne saurait avoir un procédé plus malséant pour le maître de l'hôtel dans lequel on est descendu, que de venir s'éteindre chez lui. Ici la mort se cache, comme ailleurs se cacherait un crime. Il semble que le défunt a conspiré contre la fortune publique ; aussi, est-il enlevé de sa demeure avant même d'être refroidi. Porté dans son avant-dernier domicile (une salle de l'hospice, antichambre du cimetière), on l'enterre hâtivement à l'heure du dîner des hôtels.

Puis, tout est remis dans l'ordre au lieu que le défunt occupait avant de finir ; et le nouvel arrivant ne se doute pas qu'il prend la place d'un mort de la veille. Cette pensée est triste ! Décidément, mieux vaut s'arrêter en voyage chez le premier venu, où l'on ne meurt que tous les quarts de siècle.

Tout ce que je crains, c'est d'attendre. On me disait l'autre jour : « Que ferez-vous donc en purgatoire, où l'on attend le ciel ? ».... — Les derniers jours des eaux me pesaient cruellement. Enfin, je pars... je suis partie !... Encore une fois, vive le voyage !... Mon âme libre jusqu'à la sauvagerie se croit déjà en possession du ciel, des monts, de la mer; la voilà heureuse de l'espace indéfini, de la suprême indépendance!...

Et ne serait-ce donc rien aussi que le bonheur du revoir? Ne s'en irait-on pas volontiers, rien que pour le plaisir du retour?

Je me hisse dans un wagon à *Saint-Germain-des-Fossés*, à peu de distance de Vichy. Si l'on voyage pour ne rien voir en route, mais pour arriver, bénie soit la locomotive! Avec elle, la distance est supprimée; la voyez-vous, l'intrépide, répandant autour d'elle les torrents de fumée de son panache noir et blanc qu'elle secoue orgueilleusement dans l'air.

Me voilà à Tours, et tout d'un trait je me rends à Bordeaux; c'est-à-dire que je complète mes vingt-quatre heures de chemin de fer, emprisonnée que je suis et traitée avec la suprême indifférence qu'on porte aux colis engloutis dans les wagons aux bagages. Mais si l'on ne voyage pas, du moins on arrive.

Cette nouvelle étape m'offre une rencontre que je signalerai.

Je ne suis pas plutôt entrée dans le wagon qui m'emporte, que j'entrevois dans la pénombre une grande, grande, interminable femme, vêtue de noir et réduite à l'état de spectre. Elle ne profère pas un mot; mais des sanglots inarticulés s'échappent bruyamment de sa poitrine. Les pâles rayons d'une lune voilée éclairent ce front livide, et cette figure inerte devient, pour moi, une véritable apparition. Elle descend, et j'apprends d'une confidente qui l'accompagne, qu'abandonnée de son mari, elle vient, pour comble de misère, de perdre un enfant qu'elle adorait! Ce mari, dit-on, l'a beaucoup aimée et il la fuit!.... Elle était jeune ; qui sait si le bonheur n'eût pas eu le secret de la rendre encore belle !

Cette impossibilité de durée dans les affections humaines est navrante!... Hélas! l'oubli suit de bien près l'amour! Un jour se lève et l'on en arrive à prendre avec indifférence la main qu'on couvrait de baisers, et l'on s'éloigne froidement de l'être sans lequel on ne croyait pas pouvoir vivre... Triste!...

La pauvre délaissée refusait toute espèce d'aliments : « Elle n'avait plus qu'à mourir! » disait-elle.

Dieu nous envoie, parfois, des douleurs bien lourdes à porter. La mort seule nous en délivre.

Les affligés sont mes amis ; je laisse les heureux à leur bonheur. La faculté de sentir donne celle de consoler ; j'ai souvent trouvé le mot qui rend les larmes moins amères! ce mot-là, je ne l'ai point cherché! Il faut avoir souffert des peines qu'on veut adoucir ; alors, quel attrait pour deux âmes qu'une conformité de malheurs! Fasse, mon Dieu, que son amère douleur conduise cette femme plutôt à la mort qu'à la folie !

Avec le jour, j'arrivais à Bordeaux. C'était pour moi une ancienne connaissance que je revoyais avec plaisir.

Bordeaux est une grande et belle ville, aux rues spacieuses, aux monuments de premier ordre.

Sous la domination romaine, cette ville portait le nom de *Burdigala*, capitale de l'Aquitaine; elle prit une grande importance au troisième siècle, lorsque la religion du Christ s'y établit.

Quelle page saisissante dans l'histoire de l'humanité que celle où s'inscrit l'éclosion de cette foi nouvelle, qui commandait la pauvreté aux riches, l'humilité aux grands! C'est le règne de Dieu sur la terre; c'est l'avénement de la justice, le triomphe de la charité. L'esclavage est aboli, et un cri d'affranchissement retentit d'un bout du monde à l'autre.

Le sang des martyrs devient une source vivifiante et féconde au fond des catacombes.

Au cinquième siècle, la cité romaine est envahie par

les Visigoths; ils s'y maintiennent jusqu'à l'époque où Clovis les en chassa, en l'an 507.

L'Aquitaine, gouvernée par ses ducs, s'érige en État indépendant, et ceux-ci ont à lutter contre les Maures d'Espagne que Charlemagne soumet à son tour.

En 778, Charlemagne donne à son fils, Louis-le-Débonnaire, l'Aquitaine, érigée de nouveau en royaume, avec Toulouse pour capitale.

Devenu empereur, Louis-le-Débonnaire transfère ce royaume à son fils Pépin, auquel succèdent Pépin II et Charles-le-Chauve.

En 877, l'Aquitaine redevient un simple duché, et après une longue série de luttes sanglantes, tantôt contre les Normands, tantôt contre les comtes d'Anjou, le dernier des ducs d'Aquitaine, Guillaume VIII, la laisse avec le Poitou à sa fille Éléonore, qui les apporte en dot à Louis VII, dit le Jeune, pour les réunir à la couronne de France.

Répudiée par Louis VII, Éléonore épouse le comte d'Anjou, fils de Geoffroy Plantagenest et de l'Empéresse Mathilde; c'est ainsi que l'Aquitaine et le Poitou passent aux Anglais.

De là, une lutte acharnée qui, pendant trois siècles, ensanglanta l'Angleterre et la France. Cette lutte ne finit qu'en 1451, lorsque Bordeaux, après un siège meurtrier, se rendit à Charles VII le Victorieux. La Hire, Xaintrailles et Dunois relevèrent la fortune du roi de France. Ils étaient du sang de ces chevaliers qui avaient dit à Charles VI : « Sire, l'honneur de la France est si naturellement cher à ses enfants, que si le diable lui-même sortait de l'enfer pour un défi de valeur, il trouverait des gens pour le combattre. »

C'est à Charles VII qu'on doit l'érection du fort de *Hâ* et du *Château-Trompette*.

Avec les siècles bien des révoltes ensanglantèrent successivement le midi de la France. A l'occasion d'un simple impôt sur le sel, le connétable de Montmorency, envoyé par Henri II, fit couler le sang à flots, et rasa l'hôtel de ville.

Après les révoltes politiques viennent les guerres religieuses. Au seizième siècle, Bordeaux se fait huguenote, et l'inquisition y dresse ses bûchers. Le maréchal de Montluc, en récompense de ses cruautés, est nommé lieutenant-général de la Guienne. Les rigueurs de sa répression sont bientôt dépassées par le massacre général des protestants, qui a lieu le 5 octobre 1572, suivant de près la date sanglante de la Saint-Barthélemy (24 août précédent).

A l'époque de la ligue, Bordeaux reste fidèle à Henri III et elle reconnaît Henri IV à son avénement au trône. Mais sous Louis XIII et pendant la minorité de Louis XIV, des troubles graves s'y manifestent de nouveau. L'autorité royale n'y est véritablement rétablie que sous le règne de Louis-le-Grand et de ses successeurs.

Pendant la révolution de 1789, Bordeaux envoya ses députés à la Convention nationale. Ces grandes physionomies et ces grandes éloquences de la seconde période révolutionnaire prirent le nom de Girondins. Les uns, Mme Roland à leur tête, marchent à l'échafaud ; les autres fuient de forêts en forêts, de cavernes en cavernes, traqués, mourant de faim, et leur terre natale les repousse !... Ainsi, finirent ces hommes enthousiastes, au cœur large, aux vastes idées.

Le temps, en courant, n'a-t-il pas donné raison à bien des vérités nouvelles ? Les Girondins furent du nombre de ceux qui, venus trop tôt en ce monde, ont parlé sans être compris. Les vérités inconnues apparaissent à certains esprits, comme pressentiments des idées qui vont éclore. Tandis que les uns distinguent à peine les vérités qu'ils ont devant les yeux, d'autres écartent les ténèbres dont s'enveloppe l'avenir. Il est telle œuvre ou telle idée qui attend son public pendant des années ou des siècles.

Aujourd'hui, Bordeaux semble sincèrement ralliée au système impérial, en dépit de ses anciens souvenirs. On peut ne pas renier les fleurs de lis, tout en saluant le drapeau tricolore.

Bordeaux et Marseille représentent Marseille et Bordeaux, tandis que Paris représente toute la France.

Je ne prétends pas retracer l'histoire des pays que je parcours, dans ces quelques lignes consacrées à décrire mes émotions de voyageuse ; j'en dirai donc à peine quelques mots. L'histoire, c'est l'expérience, c'est la mémoire du genre humain ; c'est le lien qui relie le passé à l'avenir.

L'histoire de la grande famille des peuples ressemble à celle de l'homme pris individuellement. Comme l'homme lui-même, un peuple naît, grandit, atteint son apogée, décroît et tombe. La marche incessante des idées est le voyage de la civilisation par le monde ; elle chemine, elle avance, rien ne l'arrête. Il n'y a point de digues pour l'esprit humain.

Le progrès des mœurs, des arts, des sciences et des lettres est lent, mais certain. Un peuple disparaît, un autre se lève sur la scène ; on pourrait écrire les mémoires de l'humanité rien qu'avec ces mots : progrès, décadence, vie et mort !

Il faut que l'historien descende au fond de l'âme humaine comme il descend au fond des événements.

Tel est son devoir ; mais, Dieu merci, tel ne sera pas le mien.

Rentrons à Bordeaux.

En parcourant la cité monumentale, il est facile de comprendre qu'elle n'est pas l'œuvre de ce temps-ci où souvent on rêve de grandes choses pour n'arriver qu'à en faire de petites.

Dans le port, où se presse une forêt de mâts aux voiles repliées, vous trouvez un peuple de matelots, accouru des quatre coins du globe.

J'entre dans une manière de palais habité par quelque *Péreire* Bordelais, et j'aurais volontiers pu dire avec Mme Geoffrin visitant la demeure somptueuse de Buret, fermier-général, l'un des Mondor de l'époque : « Je ne trouve rien à redire ici, si Buret en est le frotteur. »

La cathédrale, dédiée à saint André, est un bel édifice gothique dont on fait remonter la fondation au neuvième siècle. Détruite par les Normands, elle fut réédifiée par les Anglais au douzième siècle.

Je m'y arrête devant les toiles de Jordaens, de Carrache et de Paul Véronèse.

L'hôtel de ville de Bordeaux, ancienne résidence des archevêques, palais de justice en 1791, hôtel de la préfecture en 1803, château royal en 1815, contient aujourd'hui le musée de la ville. Là, se déroulent de bien grandes pages ; je n'en signalerai que quelques-unes : *la Nymphe endormie* du Corrége, *l'Adoration des Mages* de Paul Véronèse, le *Louis XIV* de Mignard, le *Philosophe* de Murillo, et *l'Adoration des Mages* de Rembrandt.

J'ai aussi apprécié quelques tableaux des écoles modernes, qui ne sont pas sans mérite.

Mais ici, j'ai regretté les musées de l'Italie, où l'antiquité se lève, sculptée dans le marbre de Paros. Phidias est l'interprète de l'idée païenne ; Michel-Ange est celui du dogme chrétien, et tous deux ont su donner à la matière le rayonnement divin. Ces grands génies de l'art ont réalisé l'idée de la vie divine dans la vie humaine.

Ce musée garde un livre annoté par Napoléon Ier, et dont le titre échappe à mon souvenir.

Je ne vois pas, sans émotion, les lignes tracées par la main qui a écrit notre code et nos lois, et constitué un Empire. Cet homme, ce génie, qui avait dépassé la taille humaine de bien des coudées, semblait être entré dans la confidence du destin ; car le secret de son avènement à l'un des premiers trônes du monde sortait de son cerveau, vivant et armé. Il voyait juste, il voyait grand, il voyait loin en toutes choses. Qu'avait-il trouvé sous les ruines d'une monarchie expirante? Des temples sans Dieu, des palais vides ! Aux palais il rendit leurs maîtres, aux temples il rendit leur Dieu.

Il écrivit son nom dans la généalogie de nos rois avec la pointe de son épée, et la victoire servit de baptême à sa légitimité.

Hélas ! hélas ! une fois son pied glissa dans le sang, et les historiens qui ont écrit l'épopée de ce géant, n'ont pu effacer avec de l'encre cette tache indélébile !

Douze années des plus éclatants succès n'empêchèrent pas la coalition européenne de briser le sceptre que Napoléon devait à son génie. Arrivé au point culminant d'un pouvoir incontesté, la fortune le trahit. Il y a des heures qui changent les destinées des rois et des peuples ! Monté sur *le Bellérophon,* se confiant à la sympathie que devait faire naître une illustre infortune (le malheur n'est-il pas une dignité ?), il croit aller s'asseoir, suivant ses propres expressions, au foyer britannique; mais sur un signe parti d'Albion, les vents enflent les voiles qui l'emportent à Sainte-Hélène.

Napoléon proscrit s'éteindra sur un rocher battu par l'Océan, où « *sous trois pas un enfant le mesure !* »

Qui pourrait dire ce qui se passa alors dans ce cœur tout saignant, sous les coups de la plus immense adversité !

Mais à son heure suprême le sentiment de son passé et un espoir venu d'en haut relèveront le vaincu !

Il y a des gloires qui ne s'anéantissent pas comme les cendres !

Le peuple anglais, si grand d'ailleurs, porte sur son blason quatre souillures ineffaçables : le supplice de Jeanne d'Arc, la mort de Marie Stuart, le meurtre de Charles Ier et l'exil de Napoléon !

J'ai vu, dans ce même musée, le berceau offert au roi de Rome par la ville de Bordeaux. Il a dormi dans cette couche, celui qui après une vie de quelques jours flottant dans la pénombre, entre le silence et le mystère, a reposé si longtemps sur la terre étrangère, loin de la patrie !

Berceau et tombe ! commencement et fin ! que de tristes pensées renfermées dans le cercueil de cet auguste enfant !

Aujourd'hui le titre de prince héréditaire est-il autre

chose qu'un titre à l'exil? Pauvres fils de rois, pour eux la pierre du foyer est brisée; le sol de la patrie a manqué sous leurs pas; gardons-leur, au moins, le souvenir qui console!

Étrange siècle que le nôtre! « Il me semble que la roue « du Temps, est sortie de son ornière » dirons-nous avec Shakespeare. Que d'horizons qui, à nos yeux, se sont ouverts et refermés! Révolutions, que nous avez-vous fait voir? L'ambition des grands, l'illusion naïve des petits, qui restent *peuple* après comme avant. Qu'il est rare que vous produisiez des pêcheurs comme Mazaniello, des cardeurs de laine comme Jean de Leyde! Révolutions, qu'êtes-vous?....... De l'audace et du sang!

Ici le berceau est vide et la tombe est pleine! O triste débris de la grande ère impériale! Un cercueil!... voilà ce qui nous appartient en propre à tous, quand nous quittons la vie, soit que nous ayons possédé d'immenses domaines, soit que nous ayons été réduits à l'étroite mesure de terre qu'il faut au pauvre pour s'y coucher!

Lecteurs, ne me suivez pas à la prison cellulaire, qui touche aux deux tours du fort de *Hâ*. Cette prison vous ferait peur! Oh! comme je me défie des idées de l'homme enfermé seul, tout seul dans l'ombre d'un cachot ! l'absolue solitude déprave l'esprit et dénature le cœur.

Il était écrit que c'était le jour des lugubres visites. Me voici à l'église Saint-Michel, commencée en 1160, sous la domination des Anglais. L'ancien cimetière de Saint-Michel avait la curieuse propriété de conserver les corps que l'on y enfouissait ; aussi, lorsqu'il fut supprimé, on y retrouva plusieurs cadavres desséchés. On combla le caveau circulaire qui existe sous le clocher, jusque à la naissance de la voûte. Ceux des corps qui étaient dans un état de conservation plus parfaite, furent appliqués debout, le long de la muraille.

Descendue dans les profondeurs de cet antre funèbre, j'aperçois, à la lueur d'une torche, quarante cadavres à peine réduits à l'état de squelettes, encore armés d'ongles et de dents. Je frissonne devant ces têtes chauves et grimaçantes. Ces morts adossés à une noire muraille, laissent tomber à leurs pieds une poussière humaine qui s'y entasse pour l'éternité.

Mes regards s'attachent à ces orbites creux ; j'écoute ces bouches sans lèvres, comme si une parole de mort allait en sortir.

Tout à coup, dans la main du gardien la torche va s'éteindre avec un pétillement d'étincelles et un flot épais de fumée... je frémis, je me crois enfermée à toujours dans ces caveaux funèbres... Enfin ! enfin, je sors et me retrouve en pleine lumière. Jamais ma poitrine n'aspira avec plus d'ardeur les bouffées d'air libre !

Saint Michel me rappela les ossuaires d'Italie ! Je crus revoir l'appartement des capucins à Rome, où tout est mort, locataires et mobilier, car les murs mêmes sont tapissés d'ossements humains.

Je me souviens encore de cette chapelle posée sur les hauteurs du Simplon, où la boiserie se cache sous une parure de tibias et de crânes. En Italie, l'art joue avec la mort. Notre monde est-il autre chose qu'une vaste sépulture, un éclair de vie, une éternité de mort !

La mort ! l'ordre universel l'exige ; des êtres, qui sont nés corruptibles, ne peuvent pas ne point finir. Nous ne naissons que pour mourir ; n'est-ce pas là le vrai but de la vie ; le seul, du moins que nous connaissions sûrement ? Et pourtant cette loi nécessaire de la nature nous inspire à tous de l'effroi. L'appréhension du passage de la vie au trépas, qu'est-elle encore en comparaison de l'inconnu de la tombe ?

Hélas ! la pente qui conduit à la dernière étape de ce chemin qu'on nomme la vie, est si rapide, que nous n'en approchons pas en courant, nous y glissons... Espérons que nous allons vers le ciel invisible dont la terre n'est que la ténébreuse avenue, et qu'enfin nous atteindrons cette vie sans misère, sans mort, vie qui commence et ne finit pas !

⁂

Aujourd'hui, je devais aller surprendre notre fin dernière dans toutes ses demeures. Me voici au milieu du cimetière de Bordeaux, où la mort dispute le sol à la vie.

Cimetière vient d'un mot grec qui signifie *dortoir*. Ici, les morts, moins opprimés que ceux de Saint-Michel, reposent doucement sous de longues allées de platanes. Les oiseaux chantent ; les roses fleurissent ; les chauds rayons du soleil viennent caresser la froide pierre qui les couvre. Il faut aux morts l'air, le soleil, les roses ! Là, les mères prient et pleurent, et les larmes qui tombent de leurs yeux, sont la rosée qui fait épanouir les fleurs de ce parterre funèbre.

Que je trouve de charme dans ces hommages rendus aux morts aimés, immortels absents, qui planent dans l'azur, qui jettent un bon regard sur ceux qu'ils ont laissés, et qui souffrent ici-bas. Nous pleurons sur eux, ils pleurent sur nous ! Pauvres ombres fugitives ! heureux ceux qui croient retrouver en Dieu ceux qu'ils ont aimés et perdus !

Je m'arrête au pied de la tombe d'une jeune fille morte à seize ans. Un rosier étend ses branches fleuri sur le marbre blanc qui la protége.

>   La belle enfant, jeune colombe,
>   Nous a quittés, pour ne plus revenir !
> Au début du sentier elle faiblit et tombe ;
> Plus de passé pour elle, encor moins d'avenir !
>   A ses pieds une jeune rose,
>   Tous les ans, sur sa tige eclose,
>   S'incline et joue avec amour :
>   Saluant la jeune immortelle
>   Qui, sur cette terre, ainsi qu'elle,
>   Hélas ! n'aura fleuri qu'un jour !

J'ai gardé ces quelques vers faits au pied d'une tombe ; les vers ne sont-ils pas les échos de nos douleurs ? Ce sont les pulsations du cœur, qui se font harmonie pour l'oreille ; accents inspirés que Dieu nous a donnés pour chanter les misères de tous !

Pauvre enfant ! elle est morte, à peine éveillée de son premier rêve ! « *Dans un moment on passera où j'étais et l'on ne me retrouvera plus !* » mot touchant de nos livres saints.

Quelle triste association d'idées, la jeunesse et la mort ! c'était la fleur de la famille, Dieu l'a cueillie !

Le trépas n'a point d'âge; Mozart, Raphaël, Byron, Bellini, poétique pléiade de jeunes morts! hélas!...

Je fis une longue pause au cimetière de Bordeaux; suis-je donc née pour chercher partout les réalités tristes ?

CHAPITRE II

Les Landes. — Les Pâtres. — Les marais Pontins. — La Mothe. — Dax. — Bouheyre. — Le chêne. — John Bull. — Bayonne. — Les Juifs.

Il fallait quitter Bordeaux et l'hôtel de France; je le fis à regret, car cette demeure m'offrait l'hospitalité d'une bonne table et d'un bon lit.

Nous allons traverser les Landes pour nous rendre à Bayonne.

Me voici sur la voie de fer; le train part et roule dans l'espace; le sifflet offense l'oreille; les champs fuient; les villages disparaissent. Dans cette course effrénée l'œil plonge sur des plaines sans bornes. Les morts de la ballade allaient vite; les vivants les dépassent.

Mon regard court après un horizon lointain, dont rien n'interrompt les lignes; nous allons, sans doute, traverser des sables, des steppes, des marécages, un désert!... Ici, on a longtemps cheminé dans d'inextricables solitudes dévorées par la poussière et le soleil ; mais voyez déjà la voie de fer, cette grande artère de la civilisation moderne, qui opère dans les Landes une conquête de l'art sur la nature du sol.

A la place des sables, des steppes du désert, quelle surprise!... Dès nos premiers pas à la *Mothe* nous rencontrons une végétation active, à *Bouheyre* une sorte d'oasis. Des mélèzes, des pins droits et silencieux se dressent des deux côtés de la route ; leurs flancs portent de larges blessures et laissent couler un sang résineux qui tombe dans de petits godets destinés à le recueillir.

La rosée du ciel guérit ces plaies, et les larmes d'encens et d'or répandent un parfum aromatique qui remplit l'air de suaves émanations.

Puis, çà et là, le sol se modifie ; après les bois de pins, viennent les prairies, vastes champs de bruyères roses, baignés par le soleil, qui répand libéralement sur ces filles de la terre les flots de ses rayons.

Les hirondelles traversent déjà le ciel ; vont-elles gagner les contrées lointaines? Elles sont bien ici ; que n'y restent-elles?

Voyez bondir les chevaux sauvages à travers les

bruyères et les hautes herbes. Les troupeaux sont gardés par des pâtres hissés sur de longues échasses. Qu'apprendrons-nous de ces bergers qui, ailleurs, sont la tradition vivante de la légende locale? Pauvre berger des Landes qui pousse devant lui moutons et brebis, et laisse les astres accomplir leur course, sans pour cela sentir éclore à son cerveau la moindre végétation d'idées. Le soir, il rentre nonchalamment dans sa demeure; le lendemain, il revient au même lieu que la veille; il mourra sans avoir vécu. Ainsi, j'ai vu le pâtre breton, couvert de sa peau de bique à longs poils, errer au fond des steppes de la vieille Armorique. Disons-le: les pâtres bretons et landais ne sont pas de la famille des bergers chaldéens adonnés à la vie contemplative. Ces rois de la plaine s'étendaient à terre en regardant la nue pour se tracer une carte routière dans le ciel. Le pâtre landais ne contemple point, n'étudie point, ne compare point!.... Que fait-il? Il tricote!!...

Qu'ils étaient grands ces bergers qui ne savaient lire que dans la nue, qui ne savaient écrire qu'en peignant le portrait de l'univers sur la pierre du rocher! C'est ainsi qu'ils ont tracé les immortelles images de la révolution des astres.

Les Landes m'ont rappelé les marais Pontins, et, cependant, qu'elle est saisissante la différence qui existe entre les deux contrées !

Les Landes de l'Italie, que je crois bordées par la mer, sont cernées par de hautes montagnes. C'est un riant jardin ombragé par des arbres séculaires. Là s'étendent des cultures ou des forêts ; partout la végétation luxuriante d'une terre vierge. Voyez les lianes et la vigne sauvage grimper capricieusement autour des arbres centenaires. C'est une mer de verdure qui ondoie sous le souffle de Dieu. Terre bénie et maudite ; terre inondée par le soleil, ce flambeau qui féconde la vie ! Ici, les chevaux fougueux galoppent en toute liberté, et le pâtre, roi du désert, parcourt en maître son empire. Il commande à son indomptable monture et poursuit, la lance au poing, ses troupeaux de buffles à l'air farouche, à la corne agressive, qui à son approche s'enfoncent et disparaissent dans les joncs des marais insalubres. Là, les blés et les maïs atteignent la hauteur des arbres. Les maïs semblent sortir de terre, en fusée, et leurs larges feuilles retombent en panache sur les épis d'or. Terre privilégiée, qu'y rencontre-t-on ? La mort ! C'est une contrée enveloppée de miasmes pestilentiels. Passez, passez ; fuyez cet Éden maudit ; avec l'air on y aspire le poison mortel qui tue !

On dit : « *Aux Marennes on fait fortune en un an et l'on meurt en six mois !* »

⁂

La ville de Dax est située sur l'Adour ; son sol est riant et fertile ; faisons-y une halte.

Les murailles d'enceinte de cette ville sont de construction romaine ; mais il n'y existe plus que deux portes qui datent de ces temps reculés.

Ravagée par les Visigoths, la cité de Dax fut délivrée de ces barbares par Clovis, et plus tard, comme toutes les contrées du midi, elle fut conquise par Charlemagne.

Les vicomtes de Béarn s'en rendirent maître en 1104. Les Anglais la possédèrent depuis 1177 jusqu'au quinzième siècle.

Lecteurs, venez vous asseoir à l'ombre d'un chêne qui avoisine la station des chemins de fer. Comme celui de Vincennes, il fait revivre un souvenir. C'est là qu'un simple pâtre se reposait en gardant ses troupeaux. Élevé aux Cordeliers de Dax, le jeune berger est bientôt ordonné prêtre. En 1609, il devient l'aumônier de Marguerite de Valois, puis curé de Clichy. Deux rois, Henri IV et Louis XIII secondent son zèle. Il réforme de sévères institutions ; il adoucit le sort des prisonniers, des condamnés au bagne. L'humanité lui doit la plus belle, la plus sainte des créations, celle de l'ordre des filles de charité. A ce pâtre quel nom donnerons-nous ? Un nom béni par les siècles, celui de saint Vincent de Paul ! Tandis que l'humble hameau qui l'a vu naître (1) garde son nom, l'humanité tout entière conserve sa mémoire.

« Le cœur aime mieux souffrir que d'être insensible » disait Fénelon ; c'est la parole du plus tendre des hommes ; qu'on ne s'étonne pas que cet apôtre de l'Évangile ait été méconnu, persécuté par l'un des plus grands génies de son siècle, qui comprenait mieux Moïse que le Christ, et l'ancienne loi que la nouvelle.

A Dax on cultive les maïs, et les primeurs y viennent plus hâtives que dans toute la vallée de la Gascogne. Je me suis laissé dire que le Landais vit de peu, et que, pour lui, quelques centaines de francs sont une fortune.

Avant de quitter Dax, disons un mot d'une légende très-respectée dans le pays.

Un berger du lieu suit à plusieurs reprises les pas de sa vache favorite au bord d'une mare où elle va s'abreuver. Là, il découvre une statue de la Vierge ; il s'en

(1) Saint Vincent de Paul naquit le 24 avril 1576, à Ranquines, petit hameau de la paroisse de Pouy (diocèse de Dax).

saisit et l'emporte. Mais la Vierge revient toujours près de la source où elle a été trouvée ; on en conclut qu'elle veut être priée dans le lieu même ; la mare est desséchée, et à sa place s'élève une église.

Jadis, à côté des légendes des saints et des superstitions des clochers, il y avait aussi le peuple des farfadets et des fées, voyageurs de l'air, ou hôtes du foyer comme le grillon de l'âtre. Tous ces coureurs de nuit s'enfuient avec le jour, et les poétiques visions s'effacent!.....

A Saubure on rencontre l'Adour et l'on rentre en pleines Landes.

☙❦❧

Durant notre trajet de Bordeaux à Bayonne, nous possédons dans notre wagon un gros Anglais, important industriel de Manchester, vrai *John Bull*, s'échauffant la bile en nous parlant, avec une outrecuidance toute britannique, des énormités de l'orgueil espagnol. Et lui, qui, pourtant, ne se recommandait ni par les avantages d'une fortune héréditaire, ni par un de ces noms inscrits au livre : *Peerage and Baronetage*, se rengorgeait dans une curieuse fatuité. Il n'habite pas Londres, mais la province, où l'esprit est souvent absolu parce qu'il est borné.

Il arrivait de Cadix ou de Séville, et s'acheminait vers Bayonne et Saint-Sébastien. Il méprisait tout, dans ce beau pays d'Espagne, tout, jusqu'à son soleil, ce roi du ciel, lui, le pauvre millionnaire de l'île aux brouillards!

⁂

Les grandes solitudes des Landes ont quelque chose de triste, de sauvage, d'abandonné qui parle à l'âme! Même dans la nature la plus déshéritée, quelle poésie! Elle semble inépuisable comme tout ce qui vient de Dieu!

J'étais dans un de mes jours de tendre mélancolie; j'éprouvais de ces tristesses intimes qui font pleurer l'âme! Je dis adieu aux pâtres nonchalants, que j'eusse voulu voir enivrés de fleurs et éblouis d'étoiles! Je dis adieu aux fougères, aux bruyères qui croissent et vivent libres sous les rosées du ciel. Je dis adieu à ce silence des plaines solitaires, à ces grands espaces vides où l'œil et la pensée s'égarent sans que rien ne les arrête; je dis adieu à cet océan de verdure, à ces profondeurs indéfinies, à ces formes à demi voilées qui ouvrent un vaste champ à la rêverie!..... Oh! combien la nature a de secrets pour élever l'âme jusqu'à celui qui l'a créée!

⁂

Nous voici à Bayonne.

On ne saurait assigner une époque précise à la fondation de cette ville. On sait, seulement, qu'au troisième siècle elle était occupée par les Romains et défendue par huit portes et dix-huit tours liées entre elles par un grand mur d'enceinte de neuf pieds d'épaisseur.

Lors de l'occupation romaine, elle se nommait *Lapurdum* (en basque, désert profond).

Au moyen âge, elle prit le nom de Bayonne qu'on a fait dériver de *baïa ouna* (bonne baie).

En 406, les Alains la détruisirent, et en l'an 588, elle subit l'invasion des Basques.

En 841, les Normands s'en emparent et s'y maintiennent jusqu'à la mort de Léon, son premier évêque. Né en Normandie, il est mandé à la cour de Rome et envoyé par elle à *Lapurdum* qui, alors, vivait en pleine idolâtrie. Il suit le bord de la mer, passe la nuit dans une cabane de feuillage qu'il construit de ses mains, entre dans la ville, élève la voix sur la place publique et, suivi de la foule, il marche droit au temple du Dieu Mars. Il souffle sur l'idole et la renverse. Plus tard, il excite la haine des barbares qui lui tranchent la tête. Saint Léon la ramasse à terre et, comme saint Denis, il la prend dans ses mains et la porte à une distance de plus de quatre-vingts pas. On fait encore des pèlerinages à l'endroit où il s'arrêta.

A ce sujet, je me rappelle le mot adressé par Madame du Deffand à ce cardinal qui s'étonnait que saint Denis eût porté si loin sa propre tête qui venait d'être tranchée : « *Ah! Monseigneur, il n'y a vraiment que le premier pas qui coûte!* »

En 1132, *Lapurdum* soutient un siège opiniâtre contre Alphonse le Batailleur, roi d'Aragon. Peu de temps après, Guillaume, duc de Guienne, fait rebâtir la ville, qui alors prend le nom de Bayonne.

En 1152, grâce à l'union d'Éléonore d'Aquitaine avec le duc d'Anjou, fils de Mathilde *l'Emperesse*, cette province n'est plus qu'un fief de la maison des Plantagenest.

En 1205, Alphonse, roi de Castille, pénètre dans la Gascogne. Mais Bayonne lui ferme ses portes.

En 1407, dit la légende, eut lieu la mort merveilleuse du vaillant chevalier Gaston de Belzunce. Ce nouvel Hercule, à peine âgé de dix-neuf ans, entre armé d'une lance et défie, au fond de son repaire, un serpent d'une dimension énorme, qui jetait l'effroi dans la contrée ; une lutte terrible s'engage entre le héros et l'affreux reptile ; mais le monstre finit par saisir le chevalier ; il l'enveloppe en ses mille replis, et avec lui, il se précipite dans les eaux de la Nive.

En 1451, sous le règne de Charles VII le Victorieux, Bayonne fait sa soumission à la France. L'armée royale est commandée par Dunois et Gaston de Foix ; les Anglais se retirent après une occupation de près de trois siècles.

En 1462, Louis XI s'était rendu à Bayonne, comme médiateur entre les rois d'Aragon et de Castille.

En 1526, François 1er y passait, en revenant de sa captivité.

Ce fut à Bayonne que la reine d'Espagne Élisabeth vint embrasser sa fille, Catherine de Médicis, et l'on croit même que, dans cette réunion, une alliance politique se cimenta entre les deux cours, afin d'écraser l'hérésie.

Dans la nuit fatale de la Saint-Barthélemy, le vicomte d'Orte, commandant de Bayonne, reçut l'ordre de faire massacrer tous les protestants de la ville. Pour conserver pure la devise de la cité : *Nunquam polluta* (jamais souillée), il répondait au roi de France : « Sire, j'ai communiqué le commandement de Votre Majesté à ses fidèles habitants et gens de guerre, et je n'ai trouvé que de bons citoyens, de braves soldats, mais pas un bourreau. Eux et moi, nous supplions Votre Majesté d'employer nos bras aux choses possibles, quelque hasardeuses qu'elles soient; nous y verserons la dernière goutte de notre sang! »

Montmorin qui commandait l'Auvergne, répondait au même ordre par ces paroles que Voltaire nous a conservées : « Sire, j'ai reçu l'ordre, sous le sceau de Votre Majesté, de faire mourir tous les protestants qui sont dans nos provinces. Je respecte trop Votre Majesté, pour ne point croire que ces lettres sont supposées, et si, ce qu'à Dieu ne plaise, l'ordre est émané d'elle, je la respecte trop pour lui obéir! »

Ce n'est pas la première fois qu'en ouvrant les pages de l'histoire on voit le fanatisme religieux se plonger dans le sang! mais ce que nous ne saurions trop admirer, ce sont ces beaux exemples d'indépendance et de dignité humaine, que nos annales nous ont conservés.

En 1660, Louis XIV passe à Bayonne avec sa cour en se rendant à Saint-Jean-de-Luz pour la célébration de son mariage.

La tourmente de 89 amène de grands changements dans l'organisation des provinces du midi de la France;

le principe d'égalité triomphe ; il abolit les titres et modifie les institutions.

En 1814, Wellington passe la Bidassoa ; les Français repoussés viennent occuper les camps retranchés de Bayonne. Le maréchal Soult est forcé de se retirer à la suite de sanglantes journées.

Après l'abdication de Napoléon, les alliés inaugurent le drapeau blanc à Bayonne. Depuis cette époque, les événements n'offrent rien d'intéressant à signaler.

Quelques parties des remparts actuels sont de construction romaine. Les fortifications dont Bayonne est, aujourd'hui, entourée, avaient été commencées par Louis XIII en 1674, et terminées sous Louis XIV, sur les plans de Vauban.

Sur la place Grammont s'élève un vaste édifice moderne de forme carrée, entouré d'arcades ; c'est là que se trouvent réunis la sous-préfecture, l'hôtel de ville et le théâtre.

L'antique cathédrale de Bayonne est construite sur une place étroite, cernée de laides constructions. Commencée au douzième siècle et continuée dans le siècle suivant, elle est restée inachevée. L'intérieur est sombre et vide; les murs en sont verdâtres, et la nef aux voûtes élancées porte à sa clef les trois Léopards d'Angleterre.

Cette cathédrale est surmontée d'un clocher qui, depuis trois siècles, attend la main qui l'achèvera. On dirait que dans ce vaste monument le spectre du moyen âge se tient encore debout.

Cet édifice, pavé par la mort, m'impressionne. En voyant son abandon, sa vétusté, j'ai pu imaginer un instant qu'il devait son dénuement complet aux guerres des temps anciens; là, agenouillée sur la dalle froide, je fais les vers que je trancris ici :

Le temple est vide, et du lointain des âges
Il ne nous montre plus les fragiles images;
Au cri des factions, et peuples et soldats
Du sanctuaire ont fait le champ-clos des combats.

Tout tombe sous les coups d'une aveugle furie,
Les richesses de l'art, trésors de la patrie;
Et l'émeute, du temple en franchissant le seuil,
De ses beaux jours de gloire a fait des jours de deuil!

Révolutions, mers profondes
Qui voulez, en roulant vos ondes,
Broyer la terre sous leur poids;
D'un vertige de mort, nuit et jour poursuivies,
Les mains rouges de sang et jamais assouvies,
Vous creusez les tombeaux, où se couchent nos rois!

> Sur ses vieux fondements l'ancien monde s'écroule,
> Comme sur l'océan le flot s'affaisse et roule.
> Peuples, après avoir remué l'univers,
> Peuples, qu'avez-vous fait? dites? changé vos fers!

Ce temple froid et sévère semble enseveli dans une ombre éternelle.

La vie qu'on mène à Bayonne a son originalité; si nous faisons le tour de cette ville, sa physionomie piquante et variée nous plaira.

Arrêtons-nous sur ce port gai et pittoresque, animé par des groupes de marins, d'hommes affairés ou oisifs, d'étrangers de toute nation, de femmes, d'enfants, vifs et remuants, ce sont là les bénis du soleil! Suivons une longue allée d'arbres et observons les navires amarrés sur l'Adour. Ici, l'homme travaille pour s'enrichir. L'argent est dans l'air, c'est aux habiles à s'en saisir. Rentrons sous les arcades écrasées qui bordent certaines rues de la ville; en les parcourant je me croyais à Bologne ou à Berne.

Chez les peuples du Midi, quelle gaîté, quelle verve intarissable! La vie en plein air, à ciel ouvert, de folles distractions, un climat béni, de chauds rayons qui ravivent le corps et vivifient l'esprit! Que de raisons pour se sentir heureux !

La colonie juive établie à Bayonne est d'origine espagnole. Expulsée par un édit de Ferdinand et d'Isabelle, elle s'était réfugiée en Portugal, d'où elle fut bientôt contrainte de s'éloigner. Ce ne fut qu'en 1500 qu'elle s'installa de l'autre côté des Pyrénées. Pendant longtemps, les juifs ne pouvaient sortir de leurs repaires qu'après le coucher du soleil. Longtemps aussi, ils se coiffaient du bonnet à cornes, qui les faisait reconnaître ; aujourd'hui, l'émancipation sociale a élevé l'israélite au niveau du chrétien ; il n'en diffère plus que par son amour du lucre et par son impérissable physionomie.

Ayant à changer quelques monnaies à Bayonne, je m'adressai à un juif qui m'écorcha sans pitié.

A Rome, chaque soir, le pape Paul IV faisait verrouiller les portes du Ghetto ; mais aujourd'hui, les barrières sont tombées devant la marche progressive des idées. Chez les juifs, les enfants pullulent. A peine vêtus, ils se traînent dans la fange ; ils vivent au milieu de débris de toutes sortes et des haillons qu'ils vendent et achètent.

Au Ghetto, il faudrait une inondation du Tibre pour laver ces étables d'Augias. Rien chez eux n'effacera le type originel ; ce sont encore ces hommes cupides qui disaient aux chrétiens avec Schaylock : « Donne-moi ta chair, si tu ne peux me donner autre chose. »

Je n'ai point rencontré à Bayonne les délicieuses Rebecca et Rachel que j'avais admirées à Livourne, rêveuses, à leur fenêtre, et à demi cachées sous leurs tendines aux vives couleurs.

Quel bruit, quel vacarme ! Comme la verve tapageuse de la population contraste avec le silence profond des landes ! Bayonne est une ville quasi espagnole ; les enseignes y sont, pour la plupart, en langue étrangère. Partout des *arrieros* qui frappent leurs mulets rétifs, des Aragonais au front cuivré, des Béarnais à l'œil vif, des Basques à la taille svelte, hardie ; et tous se ruent sur les quais, sur les places, en offrant à l'œil et à l'oreille la diversité des types et des idiomes. Ecoutez-les ! Ils parlent avec cette *furia* méridionale qui nous donne la clef de toutes leurs exagérations.

C'est à Bayonne que commence la vie affairée de la terre Basque. Des bandes de juifs assiègent les comptoirs tandis que le réfugié espagnol se drape silencieux dans les plis de son manteau brun. Le Basque, coiffé de son béret national, arpente les rues et visite les hôtels. Un essaim de jeunes filles, servantes et grisettes, à la parole vive, au geste expressif, rient, parlent ou chantent. Comme le sourire se plaît sur leurs lèvres vermeilles ! Comme les feux de leur soleil se reflètent dans leur prunelle ardente ! Le madras classique se noue coquettement sur le sommet de leurs têtes pour laisser voir les bandeaux de leurs cheveux ondés, noirs comme le jais. Elles sont charmantes, ces filles au sourire provoquant, aux fines œillades. Leurs traits sont plutôt piquants que réguliers, et leurs tailles sont flexibles comme le jonc de la rive.

Dans le Nord, le ciel triste et terne roule et pèse sur nos têtes ; là, tout est sombre et mort ; ici, le ciel sourit dans l'azur, et tout est lumière et vie !

A Bayonne, l'Adour se mêle à la Nive, jolie rivière qui accourt du pays des Basques. Elle sautille et descend en bruyantes cascades, et fleuve et rivière finissent par s'unir. La partie de la ville qui se nomme le *Petit-Bayonne*, est triste et enfumée ; elle a pour ceinture l'Adour et la Nive.

Les bateaux, qui voguent sur ces eaux, nous donnent une idée de l'arche de Noë. Hommes, femmes, enfants, veaux, porcs s'y entassent, et là on vit, on joue, on rit, on chante, et, surtout, on se repose.

Les *allées marines* sont remarquablement belles ; c'est

le jardin d'hiver de cette ville, autant espagnole que française.

Lecteurs, éloignez-vous un peu de la cité bruyante. Suivez avec moi un sentier escarpé; bientôt vous approcherez d'un vallon, et vous entendrez, vers le soir, le cri de la cigale, la note mélancolique du jeune pâtre gardien des chèvres, et la clochette du bœuf couché dans les genêts aux fleurs de velours; avancez, avancez encore; puis, arrêtez-vous, car vous posez le pied sur une terre sainte; c'est ici le cimetière des Anglais. En 1814, les hauteurs de ces ravins étaient couvertes de troupes; l'ennemi y défendait pied à pied ses retranchements. Peu à peu, il perd du terrain; soldats et officiers tombent pêle-mêle, et la terre se couvre de cadavres.

Le monument qui fut érigé en ce lieu, conserve encore les noms et le souvenir de ceux qui y succombèrent.

J'ai appris, ici, une histoire qu'on me permettra de redire dans les termes où elle m'a été contée.

CHAPITRE III

Marianotte. — Colombelles. — Réflexions. — Départ de Bayonne. — Biarritz. — Vieux-Port. — La mer. — Villa Eugénie. — La chambre d'amour.

Au *Boucau*, havre qui longe l'Océan, aujourd'hui réuni à Bayonne, vivait à cette époque une jeune fille nommée Marianotte. Cette enfant était orpheline ; sa mère lui avait été enlevée par une épidémie, et son père par l'Océan ! Marianotte, née aimante, se dévouait à toutes les souffrances ; elle donnait la main à l'orphelin et s'asseyait au chevet des mourants. Sa vie se passait à consoler et à prier. Elle offrait aux malheureux ses jours, ses nuits, ses soins, ses prières ; elle n'avait que cela à leur donner.

Malgré sa charité compatissante, la raison ne s'était pas fait jour dans son esprit ; Marianotte était idiote à demi, et ce que Dieu lui avait donné d'intelligence, il l'avait mis dans son cœur. Pourtant elle savait diriger un canot avec une certaine adresse, et elle portait chaque jour des provisions fraîches aux navires en partance. Elle était belle et chaste; on la respectait.

En 1814, Wellington assiégeait Bayonne, et déjà il occupait le *Boucau*. Tous les habitants avaient fui; Marianotte seule était restée avec quelques rares familles de pêcheurs.

Un jour, la pauvre enfant faillit être maltraitée par les soldats anglais, qui commençaient à la poursuivre de leurs mauvais propos; sa beauté et son inintelligence n'allaient plus la défendre contre leur brutalité, lorsqu'un officier anglais, instruit du danger que courait la pauvre Marianotte, la protégea, en interposant son autorité entre elle et ses soldats.

Pénétrée de reconnaissance (le cœur surtout a sa mémoire!), elle s'éprend pour son défenseur d'un profond et discret amour, et reste des heures entières à ses côtés dans une contemplation muette.

Il y avait dans ce sentiment qui s'ignorait un dévouement sans bornes; car elle eût défendu son protecteur, en cas d'attaque, comme un chien défend son maître.

Dans une rencontre des deux armées, l'engagement

devient sérieux, la fusillade siffle ; le canon tonne et le choc est terrible. Au fort de la mêlée, un groupe d'officiers se défend avec un grand courage ; le protecteur de Marianotte est au milieu d'eux.

La pauvre idiote a suivi les troupes ; elle assiste de loin à ce combat sanglant. Un seul officier anglais est encore debout ! Bientôt, il roule à terre au milieu des blessés et des morts. Abîmée de douleur, Marianotte, qui l'a reconnu de loin, frémit et chancelle.

Après le combat, dix tombes sont creusées, et la pauvre idiote s'agenouille sur chacune d'elles, ignorant la place réservée à celui qu'elle adorait dans le secret de son cœur.

Sur le tertre où les victimes ont succombé, elle recueille la garde d'une épée, et ne doute pas que ce débris n'ait appartenu à l'officier qu'elle pleure.

Pendant seize années, elle se fait la gardienne de ce champ de repos.

« Je le veille, disait-elle, en parlant de celui qu'elle croyait mort, je le veille, il dort ; si je le quittais, les autres troubleraient son sommeil !

» Je l'ai vu tomber, ajoutait-elle, et je conserve la garde de son épée pour la lui rendre.

Plus tard, l'Angleterre acquiert le terrain du cimetière et y érige un monument commémoratif. Marianotte se traîne à la porte du champ de repos, et se glisse jusqu'aux tertres ; mais aucune des sépultures ne porte le nom de son bienfaiteur : sir William Stanley !

Après bien des années écoulées, au jour anniversaire du combat, des Anglais viennent s'agenouiller sur les tombes de leurs parents et amis. Un homme âgé et grave s'avance au milieu d'eux. Marianotte, la gardienne fidèle des sépultures, se range à son aspect. L'étranger s'approche d'elle et va lui remettre une pièce de monnaie, lorsqu'il s'aperçoit qu'elle tient le tronçon d'une épée. Cette épée avait été la sienne ; sa vue lui rappelle la journée où elle avait été brisée dans sa main. Le regard attaché sur celle qui lui présente ce débris, il s'écrie :

« Pauvre Marianotte ! est-ce toi ? »

A ce mot, le cœur de la pauvre fille bondit ; éperdue, haletante : « Marianotte ! » répond-elle ; puis, faisant un pas vers lui, elle tombe à terre pour ne plus se relever.

Le bonheur l'avait tuée !

⁂

Encore une fois, je dis : Vive le voyage !... A Colombelles, ma demeure de famille, quelle amère solitude !

Saint Bernard disait : « *O beata solitudo! o sola beatitudo!* » *(O bienheureuse solitude, ô seule béatitude.)*

Je ne suis pas tout à fait de son avis.

Dans la verte Normandie, dans cette éternelle prairie, partout des ondulations de terrains, des sites fertiles, de jolies haies plantées, de larges horizons bleus, qui rendent l'aspect de la nature assez mélancolique!

J'habite une contrée austère où les tempêtes viennent vous assaillir ; on vit de froid et de brouillards ; le soleil ne donne qu'une lumière malade, et ce ciel humoriste assombrit l'âme! J'aperçois, de loin, des futaies de flèches d'église et de clochers, les mêmes, toujours les mêmes! Mes pins, incessamment battus par le vent, gémissent comme les flots ; leurs plaintes se perdent au milieu du cri des vagues que j'entends dans leurs jours de colère!

« Rien ne vient nous sourire, pas même le soleil! » C'est à peu près ce que je me dis chaque soir. Ce ciel est hostile à la terre, et je répète avec Gœthe : « De la lumière! Seigneur; plus de lumière encore! » Je hais le nord et ses ténèbres ; j'adore le midi et ses rayons!

La maison de mon enfance est debout ; mais elle est triste et muette! Jadis, cet étroit espace suffisait à contenir mes idées d'avenir ; j'aurais pu dire avec le sage de Tibur : « Ce petit coin de terre vaut pour moi tous les mondes! » Aujourd'hui, il est devenu trop vaste pour tant et tant d'espoirs déçus. L'isolement, le veuvage de l'âme, que je supporte ailleurs, ici me tue, et mes idées ont pris le deuil.

Je retrouve tout un monde de pensées, de souvenirs, d'images qui se reproduisent en moi. Je revois mes grands arbres, mes prairies, ma rivière; je retrouve tout enfin, hors ceux que j'ai aimés. La mémoire est une grande douleur! Partout des places vides! Je pose, dans les allées, le pied sur les pas des morts qui me furent chers! Je m'abrite sous les arbres qui ont prêté leur ombre à celui qui les a plantés! Il me semble que chaque sillon, chaque pierre du chemin me raconte l'histoire intime de ma vie, et ce nid, si longtemps chaud des tendresses de famille, est vide et refroidi! A cette heure le perron est désert; les fenêtres sont closes! La mort est entrée par une porte; elle a fermé une chambre, puis une autre encore. Hélas! hélas! comment fuir le torrent de tristesse qui déborde sur mon âme!

Mère! mère!... ce nom revient sur mes lèvres, mouillé de larmes! La beauté et la grâce s'en vont avec la jeunesse; mais cette beauté qui réside dans la forme et la pureté des lignes, ne peut changer. Ma mère avait aussi cette seconde beauté, celle de la pensée et du sentiment qui subsiste tant qu'un rayon du cœur éclaire le visage.

Nos deux âmes ne pouvaient se quitter, elles se parlaient de si près! Malgré la mort, l'union qui les rapprochait, n'est point brisée.

⁂

Je vais donc vous retrouver, ma chère prison, et avec vous tout ce qui dort sous les cendres de mon cœur! tout ce que j'ai aimé, tout ce que j'ai souffert, rêvé, attendu, perdu et pleuré! Avec vous tout revit; le poëme douloureux de ma destinée est là plus que partout ailleurs. Rêveries, aspirations, joies et tristesses, oui, tout est là Que de douces visions apparues et effacées! et, aussi, que de tristes haltes pour mes souvenirs! Oh! que c'est sombre ce que je revois dans la nuit de mon âme! Non, l'habitude ne devient pas une seconde nature; j'ai beau vivre dans cette solitude, je n'y retrouve plus ma première patrie. Regrets amers, affections trahies, angoisses du jour, incertitudes du lendemain! tout ce triste cortége de douleurs humaines est là! toujours là!... Fuyons! c'était une vallée de paix, c'est une vallée de larmes!... Oh! jamais le cœur n'est si lourd à porter que lorsqu'il est vide!

Le bonheur ne survit guère à la jeunesse; on peut encore avoir quelque gaieté dans l'esprit; mais on a perdu les vraies joies, celles du cœur. Il serait bon de mourir lorsque nos illusions tombent, comme tombent les feuilles d'automne en annonçant l'hiver!

L'ennui a été le mal incurable de ma vie; j'ai été sa proie à tout âge et partout. Il y a chez quelques âmes des aptitudes refoulées qui y produisent la mort progressive de leurs plus riches facultés. Le vulgaire qui vous voit fortune, liberté et santé, vous proclame heureux. Peut-il comprendre qu'il y ait en vous d'autres aspirations? Ce qui assurerait le bonheur du plus grand nombre de ceux qui nous envient, ne suffit pas à certaines natures. Il y a tel instinct littéraire et musical qui ne peut se développer et vivre que dans une atmosphère d'enthousiasme et de mélodie. Dieu, amour et poésie, le dictionnaire du cœur est là. Que de fois j'ai pâli à la lecture de beaux vers! Que de fois j'ai bu l'harmonie jusqu'à l'ivresse et non jusqu'à la satiété! J'ai vécu les trois quarts de ma vie dans un monde imaginaire, où me transportait mon inspiration, pour retomber plus lourdement, et me briser sur la pierre du chemin!

Ce que j'aime aujourd'hui, ce sont mes émotions à moi seule, toute seule, en face d'une nature belle, grande, éblouissante, d'une mer d'azur, de monts gigantesques, d'un ciel éthéré!...

Je contemple les horizons lointains, pleins de recueillement et de silence. Mon œil et ma pensée s'y égarent, et des larmes d'extase, ces larmes si douces à pleurer, baignent mes yeux!

Il me semble que des idées plus saines entrent dans mon cœur avec les bouffées d'air libre. Dans ce pauvre Colombelles où j'ai tant rêvé, tant aimé, où je ne rêve plus, où je n'aime plus, la vie me pèse, et j'en maudis l'uniformité au point que j'ai souvent désiré les cris de l'orage pour en rompre le silence. Je pense, je sens, je souffre; je me souviens et je pleure!

A Paris où le plaisir même me fatigue, où la foule est une solitude plus encore que le désert, je me demande si je ne suis plus faite ni pour le monde, ni pour la retraite; je le crains!

Heureusement que Dieu a mis en moi une intermittence d'idées aussi régulière que le flux et le reflux de notre océan. Je ne connais rien de si variable que la vague ou le nuage, si ce n'est mon âme. Quand à l'aube, pour moi, tout est souriant, à la fin du jour tout est noir. La pendule de ma chambre de jeune fille, que j'aime encore parce qu'elle a sonné les meilleures heures de ma vie, ne marque plus aujourd'hui, avec son timbre lent, que des heures sombres qu'elle jette avec indifférence dans le gouffre du passé!...

En laissant Bayonne, je me rappelle ces vers de *la Henriade* :

> Cette arme, que jadis pour dépeupler la terre,
> Dans Bayonne inventa le démon de la guerre,
> Rassemble en même temps, digne fruit de l'enfer,
> Ce qu'ont de plus terrible et la flamme et le fer.

Que dirait, aujourd'hui, à propos de baïonnette, le patriarche de Ferney, du fameux fusil à aiguille, dont un descendant de son très-cher ami, Frédéric le Grand, vient de se servir avec tant de succès pour changer la physionomie et les destinées de l'Allemagne?...

Je m'éloigne à regret. Je suis un bois de sapin riche de lumière et d'ombre ; la mer étincelante dormait majestueusement sous le ciel.

Nous entrons à Biarritz.

Vous voilà donc, bel océan que j'ai tant décrit, tant chanté, avec vos sourires et vos colères ! Vous riez à cette heure, et je m'écrie :

> Comme une jeune enfant, indolente et craintive,
>   Se livrant à de nouveaux jeux,
> La mer roule, se tord, puis expire, à la rive,
>   En mille bonds capricieux !

Le soir venu, la belle enfant était une reine en fureur! Jamais, non jamais femme n'eut plus de caprices. Le ciel était rouge d'éclairs; le tonnerre éclatait dans la nue; les vagues échevelées répondaient aux cris du ciel. Quelle scène, mon Dieu! Voilà de ces magnifiques spectacles, dignes du grand architecte des mondes, de celui qui tient la foudre dans ses mains et qui dit aux éléments : « Déchaînez-vous! »

Dans le fond de mon gîte, je m'abrite contre un déluge d'eau. Devant cette mer déchaînée, mes impressions sont si fortes, si émouvantes, que j'en souffre dans tout mon être! Il me semble que ma pensée me porte aussi haut que l'étoile peut monter! La mer, l'infini, nous fait pressentir une vie qui n'aura, comme elle, ni horizon ni rivage!

Et, le soir venu, je priais pour les âmes envolées, et je disais, en voyant l'étoile filante : Serait-ce une âme aimée qui passe?

Ce matin, l'océan est plus bleu que la voûte azurée. C'est une conque de saphir bordée d'une frange d'argent. Le soleil, si gai à son réveil, étincelle sur ma fenêtre. Les oiseaux chantent sous le feuillage des jardins; une belle journée se lève. Oh! comme, ce soir, je me promets d'épier la première étoile qui scintillera dans l'azur du ciel!

Chaque matin voir l'aurore au réveil de la nature, quand elle s'émaille de ses mille couleurs, voir le soleil ruisseler sur les vagues, entendre tous les bruits qui de la mer montent jusqu'à moi, voir l'hirondelle fendre l'air et le roitelet se jouer à ma vitre, contempler l'océan, miroir de cristal tigré d'écume, y a-t-il au monde un plus saisissant spectacle ? Non, rien ne détournera ma vue de cette mer sans limites, qui chante ou mugit tour à tour ?

Clartés des cieux ! profondeurs de l'abîme ! encore une fois, n'êtes-vous pas pour certaines âmes la révélation muette et mystérieuse de leur avenir ?

❧

Au onzième siècle, Biarritz était riche, grâce à la pêche de la baleine ; les harponneurs basques lui ravirent cette source de prospérité.

En 1679, les habitants de ce petit port en miniature offrirent un de ces monstres marins à Turenne, lors de son passage dans le Midi, et ce singulier présent ne laissa pas que de fort embarrasser le vaillant capitaine.

Le vieux château de l'*Atalaye*, qui défendait le port de Biarritz, s'écroula un jour, et Biarritz ne fut plus alors qu'un pauvre hameau.

Il y a environ un demi-siècle que la mode, puis les chemins de fer, ont rajeuni ce lieu abandonné.

Mais, le dirai-je, Biarritz a trop de maisons, trop de cottages, trop de villas, trop de cafés, trop d'enseignes, et tout cela né d'hier. J'en dis autant de Trouville, que j'aimais mieux lorsqu'il se composait de quelques cabanes de pêcheurs, ombragées par des arbres séculaires dont la mer baignait les pieds. Oui, Trouville me plaisait beaucoup plus avec ses masures de pierres sèches, d'un brun rouge, avec ses toits de chaume brodés de gentiane, ou de vieilles tuiles encadrées de vignes et de clématites. Je cueillais là quelques pauvres fleurs frileuses qui se confiaient aux rayons malades de notre ciel normand. Accoudée sur mon balcon, aux heures crépusculaires, je saluais le roi du jour se couchant, tandis que la lune glissait et montait dans le ciel, éclairant de son rayon mélancolique les vagues, où son reflet, serpent aux anneaux lumineux, se tordait et disparaissait sous les lames.

C'est devant ces flots agités ou paisibles que j'ai commencé à balbutier cette langue des vers, premier cri poétique plein de tristesse. Que ces nuits étaient bien faites pour l'inspiration !

A Biarritz, partout des criques vides, des tamaris grêles, quelques pauvres barques errantes, sans voiles et sans mâts. Le village y a pris les allures d'une ville ; la chaumière s'y est faite *villa.*

Venez avec moi sur la plage. Quelle population étrange que celle de ses visiteurs ! Courons sur les hauteurs, sur les rochers ; nous y trouverons de jeunes hommes, Basques et Béarnais, à la taille élancée ; de belles jeunes filles sveltes et souples comme le roseau que le vent incline et relève. Tous chantent, causent, rient, comme si la vie pour eux n'était qu'un long jour de fête.

Avançons encore, et nous rencontrerons sur la plage de vraies filles de Tolède et de Madrid, au regard tendre ou étincelant : les unes blondes, avec des yeux d'une limpidité d'azur ; d'autres brunes, au teint pâle et uni, aux yeux de velours ombragés de longs cils soyeux. Le sourire, qui sied bien à leurs lèvres, laisse voir de vrais écrins de perles d'Orient.

Plus loin, des femmes de race slave, des *charmeresses,* qui sont le rêve des yeux. Puis quelques madones divines, comme les savait peindre Murillo, détachées de leur cadre d'or, rappelant celles que le peintre inspiré entrevoyait dans le ciel. Puis encore de *jeunes miss*, belles et blanches comme l'hermine, promenant leur mélancolie ; et puis enfin d'élégantes Françaises, étalant la mode du jour, qui rient beaucoup et soupirent fort peu. Toutes se mêlent, se coudoient sur la plage, tandis que le soleil se plonge mystérieusement dans les flots, laissant dans le ciel de grands lambeaux de pourpre et d'opale qui se réfléchissent dans la mer; et au milieu de cet incendie, Biarritz et ses belles visiteuses resplendissent au regard.

A une heure donnée, toutes entrent dans l'océan qui les reçoit et les couvre de son écume. La mer n'est plus alors qu'une vaste baignoire où s'agite cette belle jeunesse.

Biarritz a quelque chose de capricieux, de coquet comme les femmes qui le visitent. Là il y a sans doute des Olympia, semblables à celles qu'offrait la Rome papale, et quelques Ninon qui rappellent de loin celle du grand siècle; mais je doute qu'à l'exemple de leurs devancières, elles parviennent à la même célébrité.

Le petit chapeau aragonais, à la plume tombante ou relevée, jouit ici d'une grande faveur. Il n'embellit que celles qui n'ont pas besoin de l'être.

Dans la ville, les élégants, penchés sur leurs trotteurs anglais ou andaloux, imaginent de se coiffer du béret aragonais aux trois pompons, ce qui rend plus laids encore ceux qui le seraient passablement sans cet appendice.

Revenons encore à la plage, et voyons les femmes se promener au pied des vagues. L'écume, qui s'attache à leurs robes traînantes, est l'élégante bordure de cette majestueuse immensité !

⁂

J'entre dans quelques modestes intérieurs ; là, j'aimerais à recueillir la chronique vieille de quelques siècles ou l'histoire d'hier, triste et amoureuse. La mer, quel beau cadre pour l'amour ! et rien, rien !... Que j'aime la *casa* des pêcheurs de Naples et d'Ischia, que baigne la vague ; où file l'aïeule aux cheveux blancs, pareils au lin qui s'attache à la quenouille ; où le père raccommode ses filets troués par l'orage ; où les fils radoubent leurs bateaux en chantant la barcarolle à la note traînante ; où les filles, avec la robe courte et les pieds nus, avec leurs tresses noires flottantes sur leurs épaules, dansent la vive tarentelle ! Sous la treille opulente se déploient la clématite et la gentiane aux blanches étoiles, fleurs odorantes qui mêlent leur parfum aux exhalaisons marines, tandis que les barques de pêcheurs courent sur le golfe en déroulant leurs voiles latines. Ici l'amour est toujours l'hôte du logis ; deux regards, double rayon de l'âme, qui se croisent et se confondent l'un dans l'autre, comme deux pensées qui se cherchent, finissent toujours par se rencontrer, et ce qu'on refuse des lèvres, on l'accorde du cœur!

❖

Me voici dans le vieux port, petite baie en miniature, encaissée dans des rochers verticaux et terminée par l'Atalaye, ruines indestructibles du vieux château. Plus bas, les rochers forment des aiguilles, et l'exiguité de l'espace fait que les hommes et les femmes se coudoient dans le même bain.

Du pied de la croix élevée sur la hauteur, l'œil embrasse un panorama dans lequel Biarritz sort de la mer comme Vénus sortit des ondes.

En descendant, je m'assieds pour contempler les flots, les rochers et les Pyrénées, que l'Espagne déploie à l'horizon. Aucun site ne me paraît achevé, si la mer, cet infini visible, ne le complète.

Les rochers dessinent sur les eaux leurs beaux profils; le soleil argente les dentelures des Pyrénées; il fait fleurir les tamaris battus par les vents, noueux, rampants, échevelés, avec leurs petites grappes de fleurs bleues ou d'un blanc rosé, d'un parfum très-doux. Ici, l'air, la lumière, tout abonde à la fois. La voix de l'océan jette dans mon âme quelque chose de sa tristesse; comme ce lointain, cet insaisissable horizon est bien la patrie des esprits inquiets! Et pourtant, à cette heure, la mer est charmante; ses petits flots bleus vont et viennent avec un frissonnement d'amour mystérieux. Pendant que j'écoute le chant inarticulé des vagues, je suis le roulis des nuages qui flottent autour des cimes neigeuses des Pyrénées. Mais si le ciel se couvre, si le vent se lève et se déchaîne, soudain la mer prend un air sauvage, désespéré; les éclairs passent sur la crête de ses vagues, les rougissent, et les mouettes effarées s'y posent en criant. Bientôt la tourmente s'apaise, et l'océan reprend sa robe rayonnante et azurée. J'aime la mer follement, éperduement!...

La mer, quelle intarissable poésie! élément plein de vie et de colère! Quelle grandeur dans ces montagnes humides! Quelle profondeur dans ces abîmes mouvants! La mer! quelle majesté dans ces vagues éternelles qui nous portent vers des contrées inconnues! Byron a dit: « Déroulez-vous, vagues d'azur, majestueux océan; mille flottes parcourront vos routes immenses! » La mer! devant elle s'épuise l'admiration que l'habitude même ne peut émousser. Que de questions hardies je fais à cet abîme plus peuplé que l'air et le ciel! Si par la pensée je sonde ce gouffre inconnu, que de monstres, que de cada-

vres, que de richesses englouties dans ses profondeurs !
J'aimerais, comme le plongeur, aller y chercher la perle
qui y cache sa beauté et son orient !

Cette mer, que le soleil inonde d'une pluie d'or, n'est-elle pas la même depuis qu'elle est sortie des mains de Dieu ? Son front s'est-il flétri sous les rides ? Porte-t-elle le signe de sa caducité ? Non, elle est toujours belle, toujours jeune, l'immortelle !

Mais à Biarritz, cette mer est vide; il lui faudrait des vaisseaux, des voiles, des bateaux à vapeur. Je lis dans les psaumes : « Comme elle est vaste cette mer qui étend au loin ses bras spacieux ! Des animaux sans nombre se meuvent dans son sein, et les vaisseaux glissent sans peser sur ses ondes ! » La mer ! c'est le drame de la vie, qui s'y révèle dans les traces laissées par l'homme sur les vagues éternelles !

A Venise, je voyais les feux liés aux gondoles qui couraient çà et là, faible lueur serpentant sur le fond noir des lagunes. A Naples, je suivais de loin la torche du pêcheur de nuit, apparaissant sur le golfe comme une étoile flottante tombée du ciel, qui bientôt s'éteignait dans la profondeur des vagues. Que j'aimais à voir, à *Chiaia* et *Chiatamonte*, ces matelots, fils du soleil, dormant sous ses brûlants rayons ou halant leurs barques avec le cri monotone de *hoï-ho...*, et n'ayant, la nuit, pour reposer leur tête, que la marche de granit des palais et des temples.

Il manque à cette mer des navires aux voiles blanches où le soleil se joue ! Il manque à la plage l'algue verte, les varechs et les bancs de coquillages aux franges d'écume argentée ; il lui manque le bruit de la vague dans les grands mâts, le bouillonnement de l'écume contre la proue des navires ; il lui manque surtout de braves matelots, ces hommes qui se jouent des fureurs de la haute mer, du roulis, des grandes lames et du hasard des tempêtes !

❈

La villa Eugénie est un très-lourd bâtiment sans style, posé sur un sol aride ; ce n'est ni un cottage, ni un palais. C'est là que Napoléon III vient se délasser des soucis de l'Empire. Mais de par sa puissance, la mer, ce grand destructeur, ne permettra pas à César de se créer une oasis dont l'ombrage le défende des ardeurs du soleil.

L'eau ronge la côte ; quelques rochers sont mordus, déchiquetés et creusés par la vague. A *la Chambre d'Amour*, voisine de la villa Eugénie, se rattache une légende que les pêcheurs se racontent dans les longues soirées d'hiver.

EXCURSIONS DANS LES PYRÉNÉES

LA CHAMBRE D'AMOUR

A BIARRITZ

D'un pauvre métayer Saubade était la fille.
Enfant au jeune front où reluit le bonheur,
Elle vivait au sein de son humble famille,
 Aimant sa mère et priant le Seigneur !
  Donc, sa beauté naïve et pure
Restait cachée au fond d'une vallée obscure,
Et pourtant elle était plus belle que le jour !
 Laorens la vit, l'aima de tant d'amour
Qu'il lui promit au bruit du ruisseau qui murmure,
Seuls, tout seuls, et prenant pour témoin la nature,
  Le tout en présence du ciel,
D'unir leurs deux destins par un lien solennel.

  Et quand au jour succédait l'ombre,
  Aussitôt Laorens accourait
  En franchissant la forêt sombre
  Vers Saubade qui l'espérait.

  Il voyait la lueur paraître
  A travers le ciel orageux,
  Et sa promise à la fenêtre
 Qui l'appelait et du cœur et des yeux !

Dans ce premier regard, mon Dieu ! quelle allégresse
Et que de mots brûlants confiés à la nuit !...
De ces cœurs de vingt ans l'amour fait la richesse :
Aimez-vous bien, enfants, aimez-vous, le temps fuit.

Comme ils mêlaient leurs cœurs et leurs jeunes pensées !
Que de rêves berçaient leurs âmes enlacées !
Puis l'aurore accourait, il fallait se quitter...
Partir, hélas ! partir ! pour bien se regretter,
Lorsqu'on avait encor tant et tant à se dire...
« Adieu ! puis à ce soir ! » et Saubade soupire...
    Car qui ne sait que tout un jour
Passé sans ce qu'on aime est un siècle en amour !

Le père de Laorens était riche au village
Et le sort lui donnait de grands biens en partage.
Les plaines se couvraient de ses nombreux troupeaux,
De ses blanches brebis, de ses jeunes agneaux.
Mais Saubade était pauvre... à son fils il ordonne
    De ne la plus revoir !
L'amour ! c'est Dieu qui nous le donne
Et n'aimer plus, est-ce en notre pouvoir ?

Lors, un antre profond creusé par la nature,
Que visite le flot et la nuit et le jour,
Dont la verte liane est la seule parure,
Devient le nid discret de leur ardent amour.
Là, de quels doux élans leur âme était remplie !
    Le cœur ému, le sein tout palpitant,
    Saubade par l'amour ravie
Redisait son secret, simple comme un enfant.

Son œil d'azur, miroir de paix et d'espérance
Qu'un souffle impur n'avait jamais terni,
S'embellissait encor d'une chaste innocence
Comme son front naïf, par Dieu même béni !

Un soir que de la nuit déjà s'étendait l'ombre,
L'orage se levait, et la foudre en éclats

Sur l'océan fougueux rugissait le flot sombre
Qui, poussé par le vent, accourait à grands pas.
Dans le torrent d'amour où leur âme se noie,
Enfants ! ils n'ont pas vu l'eau qui vient et tournoie,
Et la vague montait, montait, montait toujours...
Mon Dieu ! touchaient-ils au dernier de leurs jours ?
« Plus d'espoir, dit Laorens, Saubade, ô mon amie,
Toi que j'aime cent fois, cent fois plus que ma vie ! »
Et l'attirant vers lui dans un suprême effort,
Son intrépide amour la dispute à la mort...

« Adieu ! pauvre Laorens... Oui, mon cœur va s'éteindre ;
Mais la mort dans tes bras, dis-moi, puis-je la craindre ?
Notre âme est immortelle, et nous vivrons en Dieu... »
    Et l'abîme sans fond répète encore... Adieu !

    Avec le jour, sur le sable des grèves
    Deux corps gisaient étroitement unis !
    Mais le trépas a mis fin à leurs rêves ;
Sur la terre, pour eux, les bonheurs sont finis !

CHAPITRE IV

La villa Eugénie. — L'Atalaye. — Un orage. — Le Casino. — Route de Biarritz. — L'âne du Boucau. — Saint-Jean-de-Luz. — Ciboure. — Les Gitanos. — Urtubi. — Urugue. — Béhobie. — L'île des Faisans. — Irun. — Los Passagès. — Saint-Sébastien.

La villa impériale a été construite sur la côte, *dite des fous*, parce que tous les aliénés de la contrée venaient s'y baigner.

Les falaises argileuses vont en s'amoindrissant sur la côte des *Basques*, qui a pris ce nom parce que de temps immémorial les Basques français et espagnols venaient s'y plonger dans la mer. Là, chaque année, le dimanche après l'Assomption, les garçons et les jeunes filles se livrent, en suivant la route qui conduit à Biarritz, aux danses les plus animées. Ils se plongent ensemble dans les flots, en formant une chaîne, et la fête dure deux jours.

Me voici au pied de l'Atalaye ; j'y viens revoir les Pyrénées espagnoles, dont les aspérités sont adoucies par la distance. Ces pyramides vaporeuses se dressent entre le ciel et l'océan. A cette heure, la mer sourit ; elle se plisse sous les souffles ailés de la brise ; il semble qu'elle a abdiqué sa toute-puissance, tant elle est calme et douce ! Les vagues bleues éparpillent leur écume d'argent qui va mourir sur un sable d'or. Notre océan du nord, lorsqu'il se retire, laisse derrière lui des espaces désolés ; ici, c'est à peine s'il s'éloigne des grèves.

Tout à coup l'orage éclate ; les lames escaladent les rochers ; il semble que le tonnerre descend du ciel et rebondit sur nos têtes. Ces clameurs se répondent d'écho en écho. Quel magnifique contraste ! La terreur succède à la joie, et c'est avec peine que nous regagnons notre demeure.

Assise près de ma fenêtre, j'écoute les bruits du ciel, les bruits de la terre, tonnerre d'en bas, tonnerre d'en haut ; ruissellement de feu et d'eau ! C'est la lutte des éléments, les cris du vent et des lames ; et je retrouve les impressions vagues, âpres, qui ont bercé mon enfance et ma jeunesse. Spectacle majestueux, comme le sont le ciel et la mer, auxquels je dois peut-être mes instincts poétiques.

Les lames s'élancent de l'horizon comme des coursiers à la crinière blanche et écumeuse ; elles arrivent en désespérées avec un hurlement terrible ; elles se brisent à mes pieds. Le ciel s'ouvre, fendu par l'éclair ; la mer flamboie, et les blanches maisons de Biarritz m'apparaissent comme des spectres. La voix formidable de la foudre court à travers les airs ; elle éclate, tandis qu'une plainte immense et lamentable sort des vagues. Un sentiment de profonde admiration jaillit de mon cœur ; c'est un hymne qui se module dans mon âme et qui l'exalte!

Une pauvre petite barque de sauvetage, sans voile, sans agrès, se débat à l'horizon ; elle s'enfonce dans la mer, de même qu'un cerceuil descend dans la fosse ; puis elle se relève et court sur la crête des vagues.

Une bande d'oiseaux sauvages tournoie autour des vagues en poussant des cris aigus, et j'éprouve un sentiment douloureux jusqu'à ce que cette nuée sanglotante se perde dans l'immensité.

Un vent désastreux crie à ma fenêtre et me donne l'envie d'y répondre ; mais que dire au vent ? Je ne sais : « Taisez-vous! Vous menacez les jours de ceux qui sont livrés à l'onde perfide et qui vont trouver la mort sous les flots, taisez-vous ! » Mais le vent n'en crie que plus fort !... C'est à Dieu, à Dieu seul de lui dire : « Taisez-vous ! »

Pauvres, pauvres vaisseaux de nos côtes, dévoilés, démâtés ! Je hais la mer quand je pense aux victimes qu'elle engloutit.

Durant cette fièvre convulsive de la nature, le Casino étincelait de mille feux ; le son des instruments répondait aux clameurs du ciel ; ces pâles lumières blessaient ma vue ; ces sons criards choquaient mon oreille.

Il en est de certaines oppositions comme de certains livres, qu'il faut bien se garder de lire ; on doit plutôt en arracher les feuillets, comme on brise les miroirs qui ternissent, qui rapetissent les objets.

> Ciel, océan, profonds mystères,
> Et toi, bel astre qui reluis,
> Feux étoilés des hautes sphères,
> Qui brillez sur le front des nuits !

> Mais écoutons.... c'est l'heure des tempêtes ;
> La foudre fend le ciel en lumineux sillons.
> Du tonnerre les cris vont grondant sur nos têtes,
> Et la mer lance au loin ses mouvants tourbillons.

> Oh ! dis-moi, gouffre insondable,
> Où vont tes flots furieux ?
> Que veut leur voix formidable
> Dont les échos troublent les cieux ?

Quoi ! tu voudrais engloutir tous les mondes,
Sans que de leur ruine il restât un témoin ;
Dieu seul a dit, lorsqu'il créa tes ondes,
A leurs flots orageux : « Vous n'irez pas plus loi ! »

Vos feux percent la nuit, lueurs des girandoles,
Luttant avec le feu scintillant des éclairs,
Et j'entends retentir des milliers de voix folles,
Aux éclats de la foudre unissant leurs concerts!

Croyez-vous que vos feux feront pâlir l'orage,
Que le flot soulevé fuira loin du rivage,
Qu'au son des instruments le ciel s'apaisera?
A la voix de Dieu seul l'orage se taira!

Ce ne sont pas les hommes qui ont dit à la mer : « Vous viendrez jusque-là ; vous ne passerez pas plus loin et vous briserez l'orgueil de vos flots! »

Peu à peu, le calme se rétablit; la lune glissa derrière les arbres ; elle passa et monta dans le ciel!

Jadis la route de Bayonne à Biarritz était remplie de simples cacolets qui rappelaient les *Caricoli* napolitains. Aujourd'hui, les chaises de poste, les calèches, les omnibus, les coucous se ruent sur le chemin, fouettant, criant, accrochant et versant.

En face le *Boucau*, on trouvait un couvent sous la règle de Saint-Bernard. L'histoire (notez bien ce mot) nous raconte que, sous les murs sacrés du monastère, logeait un âne, fétiche très-vénéré des femmes stériles. Elles s'y rendaient en foule à certains jours de l'année et avaient grand soin de baiser l'âne sur le nez. Malheureusement le couvent fut vendu et l'âne béni fut expulsé de la communauté. Alors, on le recueillit sous un hangar de l'arsenal. L'histoire ne nous dit pas s'il fut dépossédé de sa réputation fécondante qu'il avait plus ou moins méritée. La gloire, elle-même, n'a qu'un seul jour.

A Biarritz peu d'histoires populaires. Je me souvenais de mon voyage sur les bords du Rhin, si riche en ce genre. Dans ce pays classique de la légende, est-il une ruine qui n'ait la sienne? N'excelle-t-il pas aussi dans la poésie fantastique ? Qui ne s'intéresse avec Hoffmann au sort de l'aventurier dont l'ombre a été vendue au diable, et Faust n'est-il pas le chef-d'œuvre de Gœthe? L'Allemagne doit regretter de n'avoir pas produit Manfred, ce héros de l'homme de génie dont les regards humains ne peuvent suivre le vol!

Ici, les légendes sont à faire; c'est un butin dont le voyageur ne saurait s'enrichir.

L'heure du départ vient de sonner ; il faut quitter Biarritz.

J'ai parfois dit, en m'éloignant des lieux qui m'avaient charmée : « La beauté du site est la même ; seulement, chez moi, l'admiration s'est usée ! » Ici, ce cri d'un cœur désenchanté ne viendra pas se poser sur mes lèvres. Dire adieu à la mer, quand je me reposais dans son repos, quand le calme, enfin, avait reparu dans mon ciel ! Il faut partir, lorsqu'ici j'aimerais à passer ma vie !

Partir ! mais partir pour l'Espagne, pour la contrée où j'ai bâti tous mes châteaux, quel rêve réalisé !

Il semble que l'histoire se tient debout entre la France et l'Espagne ; elle a posé ses jalons à chaque étape du chemin ; on y voit défiler les rois, les reines, les royales fiancées.

Entrons avec Louis XI au château d'*Urtubi*, où il vint à la rencontre de Jean II, roi d'Aragon, pour servir d'arbitre entre deux royautés.

N'est-ce pas dans ces parages que François Ier, en rentrant de sa captivité, fera de la sœur de Charles-Quint une reine de France ?

N'est-ce point à Bayonne que Charles IX, Catherine de Médicis et Élisabeth d'Espagne, prépareront, au milieu des tournois et des fêtes, le massacre de la Saint-Barthélemy?

N'est-ce point à Saint-Jean-de-Luz que Louis XIV donnera le spectacle de ses royales épousailles?

C'est encore dans ces contrées que Philippe V ira recueillir la succession de Charles III et que Napoléon Ier recevra l'héritage de Charles IV.

Après l'histoire, les légendes nous rediront les noms de Roland, du Prince noir, de Dunois et des vieux Paladins.

❂

Nous quittons Bayonne pour nous rendre à Saint-Sébastien; nous partons, à midi, en plein soleil. Choisissez une autre heure pour faire ce trajet; car il faut à la nature, même la plus belle, ou les teintes irisées du matin, ou les lueurs incertaines du crépuscule.

Sur la route de Bayonne à la frontière, quelle grave solitude! Pas de hameaux! A peine quelques maigres cultures! On aperçoit, çà et là, de petits golfes qui se dessinent sur la grève et s'ouvrent aux rides de la mer, et qui, partout, gardent la même grâce, la même mollesse dans les sinuosités de leurs courbes.

Nous traversons Bidart, village qui a gardé le caractère basque ; la vue que l'on découvre du pied de son eglise est fort belle.

Après Bidart, Guetary, hameau de pêcheurs. Remarquez ses maisons blanches et proprettes qui plaisent à l'œil.

Nous voici à Saint-Jean-de-Luz. Ses rues longues, étroites et silencieuses ont encore un aspect qui rappelle leur ancienne splendeur. Le port de Saint-Jean-de-Luz fut creusé en 1621 ; le fort de Sainte-Barbe, qui avait été terminé en 1640, fut rasé par les Espagnols et ne se releva plus.

Les flots se sont successivement emparé de ce qui appartenait à l'ancienne cité, et ils lui arracheront bientôt ce qui lui en reste. C'est un cruel ennemi que l'océan ; plus de port, plus de marine, plus de navires ! La terrible mer de Gascogne a tout envahi ! Les vagues sautent en désespérées de quinze pieds de haut, avec un bruit assourdissant, et sans cesse elles reviennent à l'assaut.

Il appartenait à Napoléon III de tenter de réparer les outrages de l'Océan.

Les habitants de Saint-Jean-de-Luz, qui partent au printemps, vont sur les bancs de Terre-Neuve à la pêche de la morue. C'est à Bordeaux qu'ils s'embarquent.

C'est dans l'église de Saint-Jean-de-Luz que fut célébré, le 9 juin 1660, le mariage de Louis XIV avec Marie-Thérèse, fille de Philippe IV, roi d'Espagne. La porte, par laquelle étaient entrés les illustres époux, fut aussitôt murée.

En passant devant le vieil édifice, grâce à une hallucination passagère, je crus voir apparaître le grand roi qui disait : « l'État, c'est moi ! » Sa Majesté passait, entourée de gardes chamarrés, de courtisans en habits brodés d'or, de jeunes, belles et nobles femmes, prodiguant, sous leurs brocards enrichis de pierreries, les œillades aux beaux muguets de cour......Puis, soudain, mon regard s'attrista du dénuement complet qui a succédé à tant de faste.

On voit encore à l'extrémité de la rue principale la maison qu'habita le roi de France.

La reine Anne d'Autriche s'était arrêtée au château de l'Infante. C'est là que séjourna la jeune Marie-Thérèse avant son mariage.

C'est dans le château de la *Hobiague*, qui date du

seizième siècle, que descendit le cardinal Mazarin lors du mariage de Louis XIV.

Ciboure est ruiné par l'ensablement de son port. Sa population se compose de pêcheurs et de quelques familles de gitanos. Ceux-ci courent la France et l'Espagne; ils disent la bonne aventure, mendient et vivent de rapines. Sans abri, souvent ils couchent près de la lisière des bois, ou bien ils trouvent des portes ouvertes chez ceux qui craignent l'effet du sort qu'ils pourraient leur jeter.

Ces gitanos n'ont aucune croyance et sont enterrés sans prières. Leur physionomie a quelque chose de sauvage, d'étrange; leurs cheveux sont crépus, leur teint olivâtre, et leurs yeux pleins de sinistres éclairs.

Pour consacrer leur mariage, ils brisent un vase de terre, et leur union doit durer autant d'années que le vase brisé leur laissera compter de morceaux; cela fait, ils sont libres.

En continuant la route, on a de temps à autre de belles vues sur la mer.

Entrons avec Louis XI au château d'*Urtubi*, sans fossés, sans créneaux, sans tours; ce n'est plus aujourd'hui qu'une grande ruine. Là, se lève devant moi l'ombre de ce roi aux grossiers habits de bure, au front soucieux, ombragé d'une vierge de plomb, de ce prince puissant qui rasa tant de donjons, qui émancipa les communes et blessa au cœur la féodalité ; de ce prince dont le duc de Nemours ne put désarmer la vengeance, et qui eut la barbarie de le faire décapiter aux halles de Paris, exigeant que les deux fils du condamné, placés par son ordre au pied de l'échafaud, fussent baignés du sang de leur père.

En 1462, choisi pour arbitre, Louis dut se prononcer sur un différend qui existait entre les rois d'Aragon et de Castille. Les Espagnols n'étaient pas médiocrement surpris de voir le roi de France si pauvrement vêtu, tandis que, de son côté, il s'étonnait du luxe que déployaient les seigneurs castillans. Après de longues guerres où des flots de sang furent répandus, on eut recours aux négociations, et la décision de Louis XI fut unanimement adoptée.

Ce prince disait de Paris : « C'est une tête trop grosse pour le corps. » Je recommande ce mot à l'attention toute particulière de M. Haussmann, préfet de la Seine.

Après Saint-Jean-de-Luz vient Urugue. Son église est entourée de créneaux, comme le serait une citadelle. L'horloge qui marque les heures, porte cette inscription :

« *Vulnerant omnes, ultima necat* »
(Toutes blessent, la dernière tue.)

Et cette dernière heure marche vite! Que seront des milliers de siècles au cadran de l'éternité!

Ceci me rappelle que j'avais lu à la dernière station de la descente du Simplon :

« *Torna, tornando il sol, l'ombra smarita; non piu ritorna, l'eta fuggita!* »

(L'aube évanouie revient quand revient le soleil ; mais l'âge qui s'est enfui, ne revient plus! »

La route serpente et descend jusqu'à *Béhobie*. C'est ici le pays classique de la contrebande. Le pauvre la fait clandestinement, et le riche à ciel ouvert.

Les Basques se fient à leur agilité pour échapper au danger de cette aventureuse profession. Le contrebandier, armé jusqu'aux dents, est toujours disposé à lancer une balle à l'ennemi. Est-il surpris? il rampe comme la couleuvre et se sauve en abandonnant son butin. Les carabiniers royaux n'ont pas toujours l'avantage dans cette lutte de la ruse contre la loi.

Béhobie, frontière de notre France, est situé sur le côté droit de la Bidassoa qui prend sa source dans les Pyrénées et se jette dans la mer, entre Hendaye et Fontarabie, dont les doubles ruines se reflètent silencieuses dans ses ondes. Ce rivage appartenait jadis à l'Espagne ; en 1823, la France en acquit la moitié.

Sur ce pont à demi-espagnol et à demi-français, arrêtons-nous pour considérer l'*île des Faisans*, que diverses conférences diplomatiques ont rendue célèbre : « Ile Pacifique, a dit Bossuet, où doivent se terminer les différends de deux grands empires à qui tu sers de limite ; île éternellement mémorable par les conférences de deux grands ministres (Mazarin et don Louis de Haro). Auguste journée où deux fières nations, longtemps ennemies, et alors réconciliées par Marie-Thérèse, s'avancent sur leurs confins, leur roi à leur tête, non plus pour combattre, mais pour s'embrasser ! »

Fléchier dit aussi : « Représentez-vous cette île fameuse, ce petit espace de terre que les flots respecteront éternellement. »

Eh bien ! cette île des Faisans n'est plus, aujourd'hui, qu'un mince tertre insignifiant ! C'est cependant près d'elle que François Ier, prisonnier à Pavie, recouvra la liberté. L'échange du roi contre ses deux fils eut lieu dans une barque, sur la Bidassoa. Et c'est aussi dans cette île des Faisans que Vélasquez, qui voulait la décorer et l'embellir, fut saisi par une fièvre dont il mourut.

Je m'arrête et je contemple encore cette île aux fastueux souvenirs, et qui, à cette heure, a presque disparu!

Comme la nature et le temps se jouent de leurs propres œuvres et de celles des hommes!

Les Pyrénées espagnoles me semblent plus hautes et plus vertes que nos Pyrénées françaises. Les plaines de cette contrée sont plus fertiles que les nôtres; les maïs y deviennent des arbres; on se repose à leur ombre. Les nuages ondoient sur la cime et sur le flanc des monts, et de rares échappées de soleil nous laissent entrevoir de profondes vallées. Comme il fait bon contempler ces beaux sites à l'heure où le soleil prodigue, avec ses adieux, ses derniers regards de pourpre et d'or!

La ville d'Irun (bon lieu) offre un bel aspect; sa place est vaste; son hôtel de ville est d'une bonne architecture. Il est difficile d'assigner à son origine une date précise. Grâce au courage de ses habitants, le titre de ville lui a été accordé avec ceux de : « *Muy noble, muy leal, muy generosa.* »

C'était fête; les cloches sonnaient à grande volée. Je suivais leur tintement sonore; j'en recueillais les notes décroissantes, qui s'éteignaient dans le silence des airs.

La nouveauté est sans doute une des conditions expresses de l'admiration ou du moins de l'étonnement ; je dois le croire, puisqu'en quittant la France et en mettant le pied sur la terre étrangère, j'étais frappée de certaines beautés de détail qui, chez nous, seraient passées inaperçues. Déjà, à deux pas de nos frontières, tout me semblait avoir pris un caractère à part. C'est sans doute pour ce motif que les femmes d'Irun m'ont paru plus belles que les nôtres. Leur teint est brun ; leurs yeux sont expressifs, et les longues tresses noires de leurs cheveux ondés retombent sur leurs épaules demi-nues. Elles portent en équilibre sur leurs têtes des charges pesantes, et sur les routes elles courent, parlent, chantent ou crient. Elles se cachent sous leurs mantilles brunes. Le prêtre porte le chapeau rond, forme Basile, et déjà, la couleur noire de tous les vêtements que j'aperçois, révèle l'Espagne.

Nous voici dans la province de Guipuscoa. Irun nous montre ses soldats vêtus d'une capote à longue pèlerine, coiffés d'une sorte de bonnet de nuit à feutre gris bordé de noir, en tout assez ridiculement affublés.

Mais arrêtons-nous ! Nous voici au port de *los Passages*. C'est un mouillage pittoresque, qui assure un excellent abri aux vaisseaux de l'Espagne. Fermé par des rochers, il n'offre qu'un étroit passage pour entrer dans la mer. Deux rangées de maisons qui se regardent et se mirent dans cette baie, me rappellent celles des villages hollandais, petites comme des jouets d'enfants, dont l'aspect me surprenait lorsque je traversais le Zuyderzée. Deux rochers et un fort démantelé donnent à ce petit port une physionomie saisissante.

Les armes de la ville se composent de deux rames en croix et d'une fleur de lis, concédée par le roi de France en mémoire des services rendus par les Espagnols à son armée, bloquée à La Rochelle par les Anglais.

Descendons dans une barque où nous attendent deux jolies Aragonaises, coiffées de chapeaux enrubannés. Voguons avec elles et allons dire un *Ave* à la chapelle de la *Pietas*; la Vierge nous bénira.

Ce port, le plus sûr de la Biscaye, reste à sec à la marée basse; il s'ensable, et bientôt il sera comblé. Dans les gros temps, la mer y entre et s'élance jusqu'au pied des maisons.

Il y a quelques années, la montagne à laquelle s'adossent *los Passagès*, était le théâtre des rencontres des carlistes et des christinos.

Continuons notre route, et nous verrons des enfants sortir de leurs demeures isolées pour nous offrir, dans de petits paniers liés à de longues gaules, des fruits et des fleurs. Ils ne demandent rien ; donnons-leur toujours.

Nous entrons à Saint-Sébastien.

L'étranger qui se hasarde à poser le pied sur la terre d'Espagne, doit s'attendre à l'exigence de ce gouvernement à l'endroit des passeports. Il m'a fallu, tout d'abord, en prendre un très en règle du consul d'Espagne, résidant à Bayonne ; mais on ne s'en tient pas là, tant s'en faut. Durant le trajet, on doit avoir le passeport à la main et l'exhiber à tout venant. Les carabiniers espagnols me rappellent les capotes grises de la Lombardie sous le régime autrichien, qui criaient du plus loin qu'on signalait une voiture et des voyageurs : « *I passaporti! Signori, i passaporti!* »

Je me souviens d'avoir eu sur le lac *Maggiore* des chaussures confisquées à la douane autrichienne, parce qu'elles étaient contenues dans un journal libéral de l'époque, mis à l'index dans les possessions de l'Autriche. Je dois convenir qu'en Espagne je restai à la tête de tout mon bagage. C'est moins par défiance que par amour du lucre que ces demandes incessantes fatiguent le voyageur. On paie à chaque exhibition; cette mesure a bien son avantage, du moins pour les indigènes !

Nous sommes conduits à la meilleure *osteria* de la ville, la maison *Barazza*.

Je fais à l'instant même une ascension sur les remparts de la citadelle. Quelle vue, grand Dieu !

Saint-Sébastien couvre une presqu'île qui s'avance dans la mer. Cernée à l'horizon par les Pyrénées, elle sort de l'onde comme Venise sort de ses lagunes. Où trouver un plus magnifique spectacle : la mer et les montagnes, ces deux merveilles de la création ?...

CHAPITRE V

Saint-Sébastien. — Couvent de Sainte-Thérèse. — Église de San Vicente. — Citadelle. — Santa Maria. — Réflexions. — Deux mots d'histoire. — Byron.

Me voici sur les hauteurs de Saint-Sébastien ; les nuages blancs et mobiles flottent sur la cîme des Pyrénées, et les brises légères en déchirent les lambeaux. Peu à peu les couleurs se fondent ; les profondeurs deviennent plus mystérieuses ; elles s'estompent dans les demi-clartés du crépuscule, et tout tremble et s'efface dans les brumes du soir. Ne dirait-on pas que ce sont les merveilles d'un monde fantastique, qui se déroulent aux regards?... Oh! c'est là qu'il eût fallu l'œil et l'intelligence d'un ami qui pût comprendre, que dis-je, sentir la magnificence de ces horizons infinis! Oui, là il eut fallu verser son âme dans une autre âme, riche de toutes les attractions du sentiment et de la pensée!

Puis l'ombre finit par s'étendre; j'entrevois dans la ville, qui gît à mes pieds, quelques figures humaines glissant au fond de cet imposant tableau. Saint-Sébastien va s'endormir dans la nuit, dans une de ces nuits éloquentes pour l'homme qui veille au milieu de la nature assoupie !

Au pied du fort se trouvent situés le couvent de Sainte-Thérèse et l'église de *San Vicente*, riche encore de débris gothiques.

Je comprends les solitaires qui, après avoir brisé les liens qui les rivent à la terre, se jettent au fond d'un désert pour y vivre seuls sous l'œil de Dieu. Je comprends moins les religieuses ou les moines, qui se réunissent entre les murs d'un couvent pour y vivre en commun de la vie ascétique. Ceux-ci retrouvent *en petit*, au fond de leurs cloîtres, les mêmes passions qu'ils ont rencontrées *en grand* dans le monde.

Tout couvent de femmes me rappelle les *sepolte vive* (les enterrées vives) de Rome!

Au-dessous de la citadelle s'étend une belle et longue promenade ombragée par des arbres centenaires. Les monts se dressent géants à l'horizon, et la mer est d'azur! Quand le soleil s'abîme dans les flots qui clapotent au pied des rochers, la rêverie vient à nous sur l'aile des brises du soir!

En descendant des hauteurs de la citadelle, je passe devant la cathédrale. Son portail s'illumine extérieurement de mille feux. C'est le dernier jour d'une neuvaine qui vient d'être faite en l'honneur de la Nativité de la Vierge. J'entre, et je trouve l'intérieur du temple éclairé *a giorno*. Les murs des autels étincellent d'or; on dirait que les Espagnols mettent à honneur de se dépouiller de leurs richesses pour en parer leurs églises. Un clergé peu nombreux s'échelonne devant les marches de l'autel; les hommes sont placés près du chœur, les femmes se groupent dans le bas de l'église. La plupart sont prosternées sur la dalle, et les demi-clartés qui tombent sur leurs visages beaux, mais basanés, en assombrissent l'expression.

Comme elles, je m'agenouille à terre, et tout à coup, au milieu d'un silence profond, quatre-vingts musiciens, chanteurs et instrumentistes, éclatent avec un accord et une puissance qui me pénètrent d'étonnement et d'admiration! Des voix pleines et sonores, un orchestre nombreux et savant, interprètent *con amore* les chants divins de Mozart, de Hændel et de Palestrina. Là, dans un recueillement religieux et tout intérieur, les mains jointes, le corps incliné vers la terre, je sens vibrer en moi la corde de l'extase. Une prière ailée, rapide, ardente, lyrique, monte de mon cœur à mes lèvres et s'élève jusqu'à Dieu !

La prière, c'est le mystère, c'est l'enthousiasme, c'est l'infini ! La prière va à Dieu comme le fleuve à la mer, comme le ruisseau au fleuve, comme la fleur au soleil ! On sent qu'on se sépare de tout ici-bas; les genoux fléchissent; les yeux se mouillent de larmes involontaires ! Non, non, jamais, dans ma vie, je n'ai été impressionnée par une pareille harmonie et dans un pareil lieu !

Tandis que le temple retentit sous ces magnifiques accords, les nuages de l'encens s'élèvent et se perdent sous les voûtes. Comme les sons exercent une profonde impression sur l'âme humaine ! La voix est la langue du cœur ! Tous les sens à la fois en sont émus ! Grâce à une sorte d'attraction vers l'infini, il semble que les chants montent aussi haut que l'étoile peut monter. J'ai trouvé là les voluptés de la prière, les extases d'adoration si rares, hélas !... Oui, l'amour divin a ses ivresses; celui qui en est embrasé ne sent plus sous ses pieds la terre qui le porte; dans son ravissement, il s'abîme en Dieu !

Ces mélodies ont fait revivre en moi les harmonies de l'orgue de Fribourg, quand elle résonnait sous les doigts du divin *Mooser!* C'étaient tour à tour la voix de l'homme qui prie et pleure, celle de l'ouragan qui tourbillonne et gronde, celle du tonnerre qui mugit et roule dans l'espace !

De toutes les langues, l'harmonie est la plus éloquente. Qui peut entendre, sans tomber en extase, un chant de Beethoven, symphonie inspirée et éloquente ; un thème de Mozart, harmonie mélancolique et contemplative ; une inspiration de Mendelssohn, rêve ardent et passionné !... Ces hommes de génie reproduisent les notes les plus intimes du cœur, et leur vocabulaire est plus riche que celui des mots. Si à la mélodie vous ôtez les paroles, ce sera la pensée elle-même, dans toute sa force, dans tout son idéal, dans tout son infini ! Ici, le vague des sons fait toute leur puissance ; car, qu'est-ce que le vague, si ce n'est l'expression des sentiments qui ne s'analysent pas, des pensées qui ne peuvent se traduire ? C'est le plus beau dialecte que Dieu a enseigné à toute la nature.

N'est-ce point le plus grand de tous les concerts, que celui des éléments ? Écoutez leurs voix plaintives ou éclatantes... Le vent mugit ; la foudre éclate ; la mer se plaint, cette mer éplorée, condamnée à gémir éternellement !

Oui, le chant, c'est la prière, c'est la communion des âmes par excellence ! Ces hymnes religieux, qui s'élèvent au pied de l'autel, sont l'explosion de l'âme humaine, se traduisant en cris d'adoration devant le Dieu qui a donné aux éléments une voix pour l'exalter, et à l'homme le chant, cette voix du cœur, pour le prier.

La voix, chez l'homme, prête ses accents à l'amour comme à la haine, à la joie comme à la douleur. Vous, qui ne sentez pas, ne chantez pas; vous, qui avez une âme, chantez!... Vous ferez comprendre, parce que vous les comprendrez, les sensations inexprimables qui ont besoin du secours des sons pour se révéler.

Moi, ignorante des formes du langage, que de fois j'ai cherché à exprimer par des notes mes émotions intraduisibles; car les notes les plus vagues disent plus d'infini et de passion que les mots.

Oh! je ne perdrai jamais le souvenir de ces accords dignes de Dieu et du ciel!

Je rentre, et je fais ces quelques vers:

Voici Saint-Sébastien, voici la vaste église
Qu'à *Santa Maria* le culte dédiait,
J'en franchissais le seuil, quelle fut ma surprise,
Quand de mille flambeaux le temple étincelait!

Ses murs sont ruisselants de couleurs, de dorures,
Et les vieux saints, couverts de leurs lourds ornements,
    Revêtus d'or, de brocards opulents,
Cachent leur vétusté sous de riches parures!

Marie a des regards d'ineffable douceur,
Et le petit Jésus repose sur son cœur.
Resplendissant de feux, le foyer qui l'éclaire
    Fait rayonner les diamants et l'or.

L'Espagnol à ses pieds dépose son trésor
    Et garde pour lui sa misère !
L'art seul n'y brille pas, et des peintres du laid
Les pinceaux maladroits sont restés anonymes.
De Zurbaran ni de L'Espagnolet
N'espérez pas trouver quelques toiles sublimes.
    L'œil attristé, du divin Murillo,
Du brillant Vélasquez, cherche en vain un tableau.

Voyez ; bien loin du chœur, les femmes prosternées
Sous une ardente foi se tiennent inclinées.
Tout ce peuple est plongé dans le recueillement,
    Aux pieds du Dieu qu'il invoque ardemment.

Le silence est rompu !... des flots de mélodie,
    Une avalanche d'harmonie,
Éclatent à la fois, et les chants immortels
De Hændel, de Mozart, ces confidents des anges,
Qui traduisent les chœurs des célestes phalanges,
    Retentissant de la nef aux autels,
De leurs riches accords font résonner la voûte.
    L'homme prie et le ciel écoute !

Enchantement de l'art, où la Divinité
Semblait se laisser voir dans sa sublimité !
Immobile devant la vision sacrée,
Sur mes lèvres montait la prière inspirée !

Les accords faiblissaient, et le concert divin
S'éteignait, expirant dans un vague lointain

Mais l'orchestre a repris sa vigueur entraînante.
Du large *crescendo* la voix retentissante
  Nous émeut, nous pénètre tous ;
  Sur le pavé je tombe à deux genoux !
Et soudain une voix, aux instruments mêlée,
S'élève seule et court au sein de l'assemblée.

Dans l'invocation qu'elle adressait à Dieu,
Quels suaves accents modulés avec feu !
  Et cette voix vibrait, grave et touchante ;
  Au ciel, unis à ces accens
S'élevaient les parfums embaumés de l'encens.
Et moi, de foi, d'amour j'étais toute tremblante !
Et tandis que ce chant sous la voûte montait,
  Mon cœur, frémissant, palpitait.

  Il me semblait qu'à tout mon être,
Lorsque des pleurs brûlants ruisselaient de mes yeux,
Mon Dieu se révélait, que j'allais le connaître,
  Et que pour moi s'ouvraient les cieux !

Ravissement sacré que le cœur seul devine,
  Saint transport, extase divine,
  Que la vie une fois comprend,
Qu'elle veut ressaisir et que rien ne lui rend !...

En sortant du temple, dans une disposition rêveuse et inquiète, je me disais : Chacun se fait une croyance à la hauteur de son esprit, à la mesure de son intelligence.

La foi, même sincère, n'exclut ni les défaillances, ni le doute, ni surtout l'ambition toute naturelle de connaître avant de croire. Les intelligences investigatrices, qui se sont familiarisées avec les exigences de la science moderne, désireraient avant tout, pour croire, des raisons qui fussent des raisons.

Qui n'a pas senti des révoltes dans sa foi et des remords dans son doute? Mais, hélas! l'homme aspire plus haut que sa nature ne lui permet d'atteindre; il veut tout connaître, jusqu'à l'essence même de celui qui l'a créé! Si le vulgaire souffre d'un travail manuel qui épuise ses forces, le philosophe souffre, lui aussi, du travail de sa pensée, souffrance morale qui use sa vie. Platon, Descartes, Leibnitz, Hegel, Kant, nous ont-ils dit le mot des grands problèmes que l'humanité se pose depuis l'origine des temps?

Qui a pu soulever le voile dont se couvrait, chez les Égyptiens, le ténébreux Sérapis?

Qui a pu saisir et comprendre l'organisation et la loi suprême des mondes? Qui a pu expliquer les phénomènes physiques qui s'opèrent en nous, et le travail incessant de nos facultés morales?

Qui a pu savoir ce que nous gardent les mystérieuses étapes de l'obscur avenir? Les penseurs n'ont mis qu'une hypothèse à la place d'une énigme. Voilà à quoi s'est borné le travail constant de la pensée humaine !

Nous savons seulement que les notions de la science se transmettent et se perpétuent, que les natures méditatives se continuent dans des natures du même ordre ; mais la solution absolue des questions primordiales, où est-elle ?

Gœthe, ce grand génie, semble être le premier qui, à la suite de Spinosa, mais avant Hegel et Schelling, ait introduit le panthéisme dans la conscience de l'Allemagne. Il avait surtout le sentiment de ce qu'il y a de divin dans la nature.

Les panthéistes ne séparent pas la création du Créateur ; ils adorent le grand tout, sans distinguer l'effet de la cause. Ils reconnaissent comme Dieu, et la force latente qui produit les phénomènes, et les phénomènes eux-mêmes. Enfin, ils refusent à Dieu ce qu'ils retrouvent en tout et partout, la personnalité telle que nous la voulons.

Aujourd'hui, dans cette Allemagne autrefois si croyante, les cathédrales tremblent sur leurs bases ; une secte s'y proclame hautement matérialiste. Heureusement que nous avons dans notre France des intelligences assez fortes pour faire triompher les doctrines idéalistes.

Mais comment qualifier l'athéisme, cette négation de Dieu ? Comment concevoir que l'homme, qui a reçu l'œil pour voir, l'intelligence pour comprendre, tienne ces facultés éminentes d'une cause qui en est dépourvue, cause aveugle et inintelligente ?

La difficulté d'admettre la création, ce qui suppose un temps où rien n'existait, est une des principales objections d'Épicure et de ses disciples, et c'est encore celle des athées de nos jours.

L'athée croit avoir inventé quelque chose en inventant le néant ; mais les paradoxes sur lesquels il s'appuie, révoltent encore plus la raison que la soumission aux mystères de la révélation.

Byron prétendait que, pour être athée, il fallait être fou. Plaignons ceux qui ne croient à rien ; ce sont les aveugles de l'âme. Cruelle cécité ! Adorons Dieu dans ses œuvres, sans même le comprendre ; mais tâchons qu'il y ait dans notre religion la véritable élévation, l'indépendance de l'esprit et une grande vue de Dieu !

Tâchons surtout que les lueurs éternelles éclairent le soir de notre vie !

L'origine de la petite cité de Saint-Sébastien est inconnue. Jadis ses alcades avaient le droit d'en ouvrir et d'en fermer les portes.

Le roi Sancho le Sage accorda comme privilége aux habitants de Saint-Sébastien l'exemption militaire.

En 1355, cette ville fut incendiée et ses archives réduites en cendres.

En 1521, le royaume d'Espagne est menacé, et la population de Saint-Sébastien jure, dans l'église de Santa-Maria, de verser jusqu'à la dernière goutte de son sang pour défendre les droits de l'empereur Charles-Quint. Beau dévouement pour le prince qui comptait déjà tant de victoires et rêvait la conquête du monde, alors qu'il allait abdiquer toutes ses couronnes pour s'ensevelir vivant dans le cercueil du monastère de Saint-Just.

En 1526, François I⁰ʳ est retenu cinq jours prisonnier dans le château de la Mota, à Saint-Sébastien.

En 1560, Philippe IV s'y rend avec sa fille pour la célébration du mariage de cette princesse avec Louis XIV.

En 1813, Saint-Sébastien, occupé depuis trois années par les troupes de Napoléon, est incendié par les Anglais que les Espagnols accueillaient comme des alliés. Des sept cents maisons qui composaient la cité, il n'en resta que trente debout.

Cette ville soutint encore deux siéges. En 1823, l'armée française y fut conduite par le duc d'Angoulême. En 1836, les carlistes tentèrent de s'en emparer.

Espartero, qui comptait de chauds partisans à Saint-Sébastien, y fut reçu avec acclamation en 1848.

※

Me voici encore une fois dans la cathédrale de Santa-Maria, remarquable surtout par sa richesse; l'or y ruisselle. Partout des autels dorés, des ornements dorés, des saints dorés, des colonnes dorées, des vierges dorées. Quels trésors ! Mais l'art en est absent. Ceci me rappelle ce sculpteur antique qui, ne pouvant faire sa statue belle, l'avait faite riche.

Les rues de Saint-Sébastien sont étroites; chaque fenêtre a son balcon orné de fleurs, et toutes ont pour courtines de longs rideaux flottant au vent, dont l'effet n'a rien de gracieux. Ici, il ne faut pas se souvenir des fenêtres ogivales, des balcons fouillés à jour, des palais de Venise tout pavoisés de draperies, de banderolles aux couleurs éclatantes.

Partout, dans la ville, se dressent les longues affiches des combats de taureaux avec leurs célébrités du jour. Quel goût sauvage ! Au moment où le taureau entre dans l'arène, des cris s'élèvent de toutes parts. Si le taureau ou le *torreador* ne font pas bonne contenance, ils sont accueillis par des projectiles ou des lazzis. A la dernière scène, écoutez ! Entendez-vous sonner la mort du héros qui tombe, baigné dans son sang, aux vociférations d'une foule frénétique, composée de peuple, de grands seigneurs, de jeunes beautés, attirés par ce drame sanglant ! Encore une fois, quelles mœurs sauvages !

※

Lord Byron a raison lorsqu'il dit : « Arrière les pâles beautés du nord ! » Que les femmes sont belles dans ce pays ! Leur teint est uni et bronzé ; les longues tresses noires de leurs cheveux ondés ont des reflets lustrés comme les ailes du corbeau. Coquettes à l'église, coquettes dans les rues, l'éventail, dans leur main, s'ouvre et se referme avec un sifflement rapide fort expressif, et son langage ne reste jamais incompris. La noire mantille encadre les plus charmants visages ; la laideur est un accident rare ; les laides ne sont que jolies.

C'est ici le peuple catholique par excellence ; notez bien que je ne veux pas dire pour cela que ce soit le peuple le plus chrétien.

Qui sait si chez l'Espagnol le sentiment religieux épure et adoucit ses mœurs ? Mais cette nation est toujours riche d'un triple trésor : la foi, la poésie et l'amour !

N'ayant pas eu le temps de constater ses vices et ses vertus, je m'écrie : Quel peuple de fous ! quel bruit, quels cris, quel vacarme !... et tout ce mouvement pour le jour de fête de la Vierge immaculée ! Les hommes parlent ou chantent ; les enfants pleurent ou crient !

Voici un essaim de ces marmots devant la porte de la cathédrale, barbouillés, les cheveux hérissés, à peine couverts de haillons et faisant peur à voir ! Le Christ, dans sa bonté divine, a dit : « *Sinite parvulos venire ad me!* » (Laissez venir à moi les petits enfants !) J'avoue qu'avec toute la charité du divin maître il semble difficile de faire accueil à cette bande grotesque. Ce sont de petits monstres de malpropreté, je dirais de laideur, si j'avais pu les juger sous l'épaisse couche de crasse qui recouvre leurs visages.

La soirée s'avançait ; il fallait regagner sa demeure, et quelle demeure, grand Dieu ! Je m'assieds à la table d'hôte. Non, jamais pareil dîner n'attrista ma vue ; heureusement encore que l'on ne peut pas dire de moi ce que Tallemant des Réaux disait de Mme de Sablé : « Madeleine dolente, toujours friande et délicatement servie, au milieu de ses pénitences ; ne pouvant chasser le diable, elle l'avait enfermé dans son buffet. »

Madeleine, restée friande, eût fait son salut à Saint-Sébastien.

Minuit sonne ; j'ose à peine m'étendre sur une couche dont la malpropreté n'a rien de douteux. Les petits insectes au saut périlleux s'y élancent de toutes parts avec l'activité qui leur est propre.

Il me semble que les chats espagnols ont un autre cri que nos quadrupèdes fourrés de même espèce. Je vois passer et repasser, sur le bord de ma fenêtre, un gros chat noir qui miaule d'une voix lamentable. De son dos, au poil hérissé, sortent mille étincelles électriques ! Tout brûle donc dans ce pays !

Pour ajouter aux éclats étourdissants de la population, les roues des chars sont pleines, et l'essieu est fait de manière à produire un bruit incessant.

On fait activement la contrebande à Saint-Sébastien, et je me suis laissé dire, à tort ou à raison, que tout Espagnol, s'il n'est pas juif de nature, l'est certainement de fait.

Notre hôtel est situé près des murs d'enceinte de la ville, et d'heure en heure, durant toute la nuit, deux sentinelles, véritables automates, crient sous ma fenêtre un mot (le mot d'ordre, sans doute,) qui fait le tour de

Saint-Sébastien, et va se perdre dans la double immensité des airs et des flots. Un autre cri, celui qui réveille les vivants pour rappeler les morts à leurs prières, cri qui vole à travers l'Allemagne et dans tant d'autres contrées, n'est point, ici, arrivé jusqu'à moi.

Au lever du jour, ces deux veilleurs de nuit, raides comme des figures de bois, chantent, sur un air singulièrement monotone, quelques versets, traînantes litanies en l'honneur d'un saint du calendrier qui n'a pas dû leur savoir gré de leur aubade, surtout s'il était musicien !

Les Arabes ont, sans doute, laissé aux Espagnols le goût des rhythmes monotones, frappant à temps égaux, tristes mélodies bonnes à oublier.

La lune était grande; la nuit était claire; elle avait été pour moi pleine de trouble et de bruit. Il eût mieux valu trouver dans le sommeil le doux attrait des songes.

Avec le jour, je monte à la citadelle, et là, à l'ombre des arbres séculaires qui dominent la ville, la mer et les monts lointains, je me laisse aller à une rêveuse béatitude. Grâce à une parfaite ressemblance de site entre les deux cités, Venise me revient à la mémoire. Je me souviens de ce que je disais, un jour, au sommet de la tour Saint-Marc : « Ce n'est plus la terre, quoique ce ne soit pas encore le ciel ! C'est Venise ! » Ici, je n'aurais qu'un nom à changer.

Là, plongée dans une rêverie muette, Dieu sait par quelle transition d'idées je songe à l'auteur de *Manfred*. Mais comme ma plume est née voyageuse, ainsi que moi, je la laisse courir.

Byron, ce malade d'infini, vivait, à l'avance, d'immortalité ! Dans ses œuvres que je relis sans cesse, on trouve fermeté de jugement, profondeur de vue, finesse d'analyse, puissance d'expression. Les types divers qu'il a créés, révèlent son génie ! Parle-t-il ? Sa parole monte sans effort au lyrisme ? Écrit-il ? L'aigle lui prête ses ailes et dans son vol, il nous prend à terre et nous emporte avec lui dans la nue. L'art, pour lui, n'est pas la peinture de la réalité ; c'est la traduction fidèle de la vérité idéale. Ce sens particulier du beau est une condition certaine de souffrance ; on le voit torturé, tour à tour, par la pitié, la sympathie et l'indignation ! Il rêve le bien et voit le mal ; la laideur humaine le blesse, et sur les hauteurs souveraines où habite son génie, il sent la douleur bouillonner au fond de son âme ! De là, tous ces éclairs qui se perdent dans la foudre ; de là, cette flamme des volcans aux explosions

terribles; de là, surtout, ces doutes âpres et cruels !
Byron vit dans l'atmosphère des orages, tout en cheminant sous le poids de la vie !

Les poëtes ne s'inspirent pas d'eux-mêmes; ils subissent le goût et le ton du siècle dans lequel ils apparaissent. S'ils pleurent, c'est que le siècle est aux larmes. Gœthe, Châteaubriand, Byron, Lamartine et leurs créations impérissables, *Werther*, *René*, *Manfred*, *Jocelyn*, ne sont point les causes de ce mal moral; ces œuvres ont été faites avec les douleurs du temps, dont elles ne sont que les échos.

Si ces poëtes aimés s'élèvent vers les sublimes horizons, emportés par leurs propres ailes; s'ils devinent sans chercher; s'ils rêvent, s'ils contemplent, s'ils souffrent, leur lyre qui vibre aux souffles du vent et des tempêtes, n'est que la fidèle confidente de ce siècle secoué par tant de révolutions.

Celui qui voudrait écrire l'odyssée de ces grands esprits, dédaigneux de leur propre bonheur, brisés par leur génie, écrirait la légende des Martyrs. Cette analyse psychologique devrait peindre leurs grandes aspirations, leurs sombres désespoirs, leurs émotions inénarrables. Elle devrait nous dire leurs abattements, leurs doutes, leurs audaces désespérées, leurs entraînements invincibles, qui les portent à sonder les impénétrables mystères ; car leur âme s'ouvre surtout aux recherches de l'inconnu, fièvre ardente qui les dévore, sublime et vaine curiosité !

Après avoir décrit les tortures de leur vie, on chercherait encore le secret de leur mort. On suivrait à pied le cercueil de Byron, mort à Missolonghi et se rendant seul à Newstadt-Abbey ; et l'on verrait Châteaubriand, cet homme dont le nom avait retenti dans les deux mondes, s'éteindre silencieusement dans la tempête populaire de 1848, qu'il avait prévue et prédite, et ce fut le canon de cette triste révolution qui sonna ses funérailles !

Ceux qui ont condamné Byron, ont voulu voir dans les héros de ses drames sa fidèle image ; paradoxes poétiques dont lui-même s'enivrait, rêves de génie qui ne représentent pas la vie réelle de celui qui les écrivait !

Lorsqu'il disait : « Si tu regrettes ta jeunesse, pourquoi vivre ? Il y a toujours une terre où tu peux chercher une mort glorieuse ! »

Cette terre, il l'a cherchée et trouvée ! Après une orageuse vie, c'est à Missolonghi qu'il a pris sa première heure de sommeil !

Ceux qui n'ont pu deviner le secret de sa vie, seront forcés d'admirer l'héroïsme de sa mort!

Quelle parenté tendre et éternelle que celle du génie! Famille immortelle, dont les membres sont unis non par les liens du sang, mais par ceux du sentiment et de l'intelligence!

Mais pourquoi cette digression s'est-elle rencontrée sous ma plume? Je l'ai déjà dit: je me permets tous les vagabondages d'idées, comme en route on court vers toutes les excursions imprévues.

CHAPITRE VI

Hernani. — Pampelune. — Route de Bayonne à Pau. — Orthez. — Pau. — Henri II et Marguerite de Valois. — Gaston Phébus. — François Ier. — Charles-Quint. — Château de Pau. — Desperriers. — Clément Marot.

Il faut partir, partir sans avoir vu Hernani ! Et cependant l'église de cette ville contient le tombeau de Jean Urbieta d'Hernani, qui fit prisonnier, à Pavie, François Ier.

Le temps me presse, il faut partir. J'ai passé ici trois jours quand j'eusse voulu y passer trois années.

Telle est la vie !

Il est six heures du matin ; les montagnes s'habillent de leurs manteaux de brume que déchire un soleil tout resplendissant des couleurs de l'arc-en-ciel. La mer se dore sous ces chauds rayons, et la nature renaît dans un océan de lumière.

Après Saint-Sébastien, Pampelune. De cette ville, chef-lieu de la province de Navarre, je ne dirai qu'un mot, car c'est à peine si je m'y suis arrêtée.

Pampelune est située au milieu d'une plaine fertilisée par l'Arga, qui prend sa source non loin de l'Océan et va se jeter dans la Méditerranée, après avoir traversé l'Espagne.

La cathédrale de Pampelune date du quatorzième siècle ; ce qu'on y a ajouté la dépare. Cette église renferme le tombeau de Charles III et celui de sa femme, Éléonore de Castille.

La ville est fortifiée et défendue par sa citadelle.

En 1522, Henri d'Albret, père de Henri IV, essaie de reconquérir la Navarre et s'empare de Pampelune. C'était Ignace de Loyola qui défendait la place ; blessé grièvement, sa vaillante main avait laissé tomber l'arme brisée du combat.

Pendant sa longue convalescence, la lecture des livres saints détermine sa vocation religieuse. Il se voue, dès lors, à une vie toute de pauvreté et d'ascétisme.

Ce fut en 1534, le jour de l'Assomption, et dans la chapelle souterraine de l'ancienne abbaye de Montmartre, qu'Ignace de Loyola prononça, avec François Xavier et quelques autres adeptes, les vœux qui constituèrent la

Compagnie de Jésus. En 1540, Ignace obtint l'approbation du pape Paul III et fut élu général de l'ordre qu'il avait fondé.

De la promenade de *Jacontero*, tracée sous la citadelle, la vue s'étend sur un amphithéâtre de montagnes qui cerne la vallée où repose Pampelune.

J'ai donné à peine quelques heures à cette ville, je l'ai quittée à regret.

Reverrai-je un jour cette contrée, qui a gardé dans sa physionomie quelque chose de primitif parce qu'elle n'est pas, comme le reste de l'Europe, sillonnée par les voies de fer qui effacent toutes les nationalités ?

Ne visiterai-je jamais ce beau pays d'Espagne, avec ses couvents, ses églises, ses cloîtres ; avec les cours de ses palais, plantées de jasmins et de myrthes ; avec ses fontaines jaillissantes ; avec ses édifices mauresques aux guipures de marbre? Ne verrai-je ni l'Alhambra, ni Grenade, monuments des siècles où vivaient ensemble l'amour et la cruauté, la volupté et le meurtre ; l'Alhambra, au caractère religieux et guerrier, où les orangers se marient aux ruines.

Me voici de retour à Bayonne, rapportant un riche butin, celui des souvenirs ! Le temps, qui nous dévalise en courant, n'a pas le pouvoir d'effacer de notre mémoire les impressions que le voyage y a laissées.

La route qui conduit de Bayonne à Pau, n'a rien de remarquable. Nous nous arrêtons à Peyrehorade, dominé par le donjon du château d'Apremont, qui n'offre à l'œil que des ruines. La chaîne vaporeuse des Pyrénées ondoie à droite de la route. Partout, de riches arbres fruitiers en plein rapport ; des sources qui coulent paisibles sous l'aulne et l'aubépine.

Nous faisons une station à Orthez. Au quatorzième siècle, c'était une capitale ; aujourd'hui, cette ville conserve à peine quelques vestiges de son passé. C'est là que les comtes de Foix s'étaient fait un petit état indépendant ; c'était aussi là le rendez-vous des cours d'amour !

Cette cité fut abandonnée au quinzième siècle, en faveur du château de Pau. Au seizième, elle reprit de l'importance en devenant le foyer de la propagande réformiste.

Jeanne d'Albret y établit une Université protestante, qui fut détruite sous Louis XIII.

En 1388, Froissart, le naïf chroniqueur, logeait à Orthez, dans l'auberge nommée l'hôtel de *la Lune*. Il nous raconte que « Gaston Phébus, ainsi appelé à cause de sa rare beauté et de sa blonde chevelure, l'envoya quérir, et qu'il logea douze semaines chez lui à Orthez, où l'on faisoit grande chère . »

Le conteur Froissart me paraît ressembler à un vieil enfant qui narre, sans suite, des tournois, des chasses, des combats, des processions. Il prend l'histoire où il la trouve et ne met dans ses récits ni réflexions ni critique, et pourtant, tel qu'il est, c'est encore l'un des historiens les plus remarquables du moyen âge.

Nous entrons à Pau.

Cette ancienne capitale du Béarn n'est plus, aujourd'hui, que le chef-lieu des Basses-Pyrénées.

A peine arrivée dans cette ville, je rencontrai le convoi d'une jeune fille suivie à sa dernière demeure par un essaim d'enfants vêtus de blanc. Quelques fleurs s'étaient fanées sur son cercueil, et ses compagnes allaient en jeter de nouvelles sur sa tombe.

Gray disait en face des sépultures du cimetière de son village : « Ici, dorment peut-être des héros et des poëtes, qui ne connurent pas leur propre génie. »

J'ai eu l'occasion d'en dire autant en traversant le

monde. Là passent des hommes méconnus de tous, et qui n'ont pas même la conscience de leur supériorité.

Pau est une jolie ville gaie et proprette. Ses rues, comme dans presque toutes les cités du midi, sont pavées de cailloux aigus, qui rendent la promenade difficile.

Un pont élevé joint les deux parties de la ville.

La merveille de Pau c'est son château. Vu à distance, sa masse grandiose rend son aspect saisissant ; ses deux hautes tourelles se détachent orgueilleusement sur le ciel. Chaque siècle a apporté sa pierre à ce monument. Du temps de Henri II et de Henri IV, il avait encore le caractère d'une forteresse du moyen âge. Protégé par un escarpement de rochers et de fossés profonds, il semblait imprenable, et chaque tour avait sa légende et ses fantômes.

Les dernières restaurations qu'il a subies, sous Louis-Philippe, nuisent à son caractère.

La ville de Pau, occupée d'abord par les Romains, fut transformée vers le milieu du onzième siècle. Un vicomte de Béarn choisit ce lieu pour y élever un château fort. Trois pieux (paüs) servirent à marquer les limites du terrain ; de là vient le nom de la ville qui se forma autour du château, et les trois pieux se retrouvent dans ses armes.

Avant de décrire le vieil édifice, il faut qu'on me permette de dire deux mots de son histoire qui se lie à celle de la Navarre. Les divers auteurs qui ont recherché son origine, ont différé d'avis. Si ce château ne fut pas précisément fondé par Gustave Phébus de Foix, dixième du nom, il fut tout au moins embelli et agrandi par ses soins.

En 1460, l'un de ses successeurs, Gaston XI, fait du château de Pau sa résidence habituelle. Il se montre le fidèle allié de Charles VII le Victorieux, dans ses guerres contre les Anglais. Éléonore de Navarre, sa femme, lègue son royaume et tous ses droits à son petit-fils, François Phébus, qui meurt empoisonné en 1483.

Sa sœur, Catherine, lui succède et gouverne avec sagesse la Navarre dont Pampelune était la capitale.

Louis XI fait épouser à cette princesse Jean d'Albret; celui-ci fait nommer son frère, le cardinal d'Albret, évêque de Pampelune. Le pape Jean II, auquel ce choix ne plaisait pas, excommunie le roi de Navarre et reconnaît comme possesseur des belles provinces de la Navarre, Ferdinand le Catholique, qui déjà régnait sur le reste de l'Espagne.

Catherine disait à son mari : « Si nous fussions nés, vous Catherine, et moi Jean, nous n'eussions pas perdu la Navarre. »

Ce mot me rappelle celui de la sultane Aïcha, mère de Boabdil, dernier roi de Grenade : « Pleure, s'écria-t-elle, lorsqu'il se retirait de l'Espagne avec les Maures, pleure maintenant comme une femme le royaume que tu n'as pas su défendre comme un homme. »

Catherine meurt en 1516 ; Henri d'Albret, son fils, élevé à la cour de François Ier, épouse, en 1527, la sœur du roi de France, veuve du duc d'Alençon, la *Marguerite* des *Marguerites*, qui lui apporte de grands apanages.

Henri II essaie sans succès de reprendre la Navarre ; il y envoie une armée commandée par Gaston de Foix ; mais il est vaincu, et ces provinces restent à l'Espagne, gouvernée alors par Charles-Quint.

Henri II et Marguerite embellissent le château de Pau, dont ils font le rendez-vous des savants et des poëtes.

Jeanne d'Albret, seule fille de Henri d'Albret et de Marguerite de Valois, épouse, en 1548, Antoine de Bourbon, duc de Vendôme. Elle donne le jour à Henri IV, en 1553 ; et la régence lui est dévolue après la mort de son père, Henri II, et celle de son mari, Antoine de Bourbon, tué au siége de Rouen, en 1562.

Déjà des dissensions religieuses s'étaient élevées dans le Midi de la France. Jeanne d'Albret n'avait pas oublié que la cour de Rome avait sanctionné l'arrêt qui l'avait dépouillée de la Navarre. Comme Marguerite de Valois, sa mère, elle favorise la réforme, et dans un collège universitaire fondé à Orthez, elle soutient, elle-même, en latin, une thèse contre le cardinal d'Armagnac, légat du pape.

Catherine de Médicis attire Jeanne à sa cour et lui offre pour son fils Henri la main de Marguerite de Valois, sa fille.

Un édit de Louis XIII réunit la Basse-Navarre et le Béarn à la France.

On ne peut pas préciser l'époque où le château de Pau devint prison; on sait seulement qu'en 1700 il avait encore cette destination, que lui avait peut-être assignée Louis XIII. Les successeurs de Henri IV avaient dédaigné le berceau de leur race, et Louis XIII lui enleva ses richesses.

⁂

Mais revenons à Gaston Phébus. Nous ne remonterons pas ainsi au delà du quatorzième siècle.

Phébus, jeune et beau, brave jusqu'à la témérité, était vaillant à la guerre, ardent à la chasse. Froissart nous parle de sa meute, qui ne comptait pas moins de dix-huit cents chiens.

Le goût de ce prince pour la poésie, joint à ses instincts guerriers, a le droit de surprendre, eu égard au siècle où il vivait. Agnès de Navarre lui fut accordée « *à femme et épouse pour mariage se faire.* »

Phébus embellit le château de Pau qui lui sert de forteresse. Après maints et maints exploits, il se retire à Orthez dont il fait sa principale résidence.

Dans son castel de Pau, il dit ses vers au murmure du Gave qui lui répond avec le bouillonnement de ses ondes. Il chante pendant le jour ses prouesses; le soir venu, c'est le tour des ballades, des rondeaux et des virelais.

Froissart nous affirme que : « les sujets de Gaston Phébus vivoient comme s'ils étoient déjà en paradis. » Cependant, ce que l'histoire nous apprend ne donnerait pas raison au naïf conteur.

Voulant avoir le château de Lourdes confié par le prince de Galles au capitaine Pierre Esnault, il fit venir ce dernier et lui dit : « Remettez-moi ce château. » Esnault lui répondit : « Monseigneur, je vous dois foi et hommage ; mais le châtel de Lourdes, je le tiens du roi d'Angleterre, et je ne le rendrai à personne fors à lui. »

Gaston furieux le perce de sa dague, et Esnault s'écrie en mourant : « Ha ! Monseigneur, vous ne me faites pas gentillesse ; vous m'avez mandé et m'occisez. »

A la suite d'une chasse au faucon, au moment de s'asseoir à table, et *où il y avoit grande foison de mets et d'entre-mets*, Gaston chancelle : « Je suis mort, s'écrie-t-il ; mon Dieu, merci !!.. »

Après le fondateur du château de Pau nous apparaît la figure spirituelle et gracieuse de Marguerite de Valois et d'Angoulême, reine de Navarre et sœur de François Ier.

Marguerite de Valois, sous ses crêpes funèbres, menait le deuil de la reine de France, fille de Louis XII. Henri II de Béarn la voit et en devient follement épris. L'affection que François Ier portait au roi de Navarre, l'ayant décidé à lui donner la main de sa sœur chérie, « *de sa mignonne*, » comme il l'appelait, la cérémonie nuptiale eut lieu le 24 janvier 1527.

François Ier, gai, enjoué, valeureux, aimait le luxe, les tournois et les fêtes. « Il étoit curieux de prouesses et de vaillantises, » disent les auteurs du temps. Régnant en loyal chevalier au milieu d'une cour galante, l'élévation de son âme le distinguait entre tous les princes ses contemporains. Lorsque Bayard le fit chevalier : « Tu es bien heureuse, dit-il, en s'adressant à son épée, d'avoir, aujourd'hui, à un si beau et si puissant roi, donné l'ordre de la chevalerie; certes, ma bonne épée, vous serez comme relique gardée et sur toutes honorée! »

François Ier fonda à Paris des colléges pour les lettres latines, grecques et hébraïques; il fit venir de toutes les parties du monde des gens instruits en toutes sciences et arts libéraux.

Il réunit près de lui Gabriel Naudé, Bigot, Duchâtel, Budé, etc., etc. Budé avait un tel zèle pour l'étude, qu'un jour, au moment où on lui apprenait que sa maison était en feu : « Avertissez ma femme, dit-il sans interrompre ses travaux; vous savez que je ne me mêle pas des affaires de ménage. »

Voulant faire Duchâtel évêque de Tulle, François Ier lui demande s'il est noble : « Sire, répond celui-ci, Noé dans l'arche avait trois fils, je ne vous dirai pas duquel je descends. »

Tavannes disait de ce roi : « Sous son règne les femmes font tout, même les généraux et les capitaines. »

En effet, la plupart des châtelaines avaient quitté les donjons où, jusque-là, elles avaient vécu dans la plus austère solitude. Prenant désormais une part directe au progrès des arts et des lettres, elles durent à François Ier de savoir qu'être belle c'est régner.

C'est alors que l'esprit de conversation commença à naître avec la chevalerie romanesque.

Henri II et Marguerite établirent leur résidence au château de Pau. La belle et spirituelle reine de Navarre aime et chante la contrée qu'elle vient habiter. Elle y appelle les artistes italiens et fait décorer le vieux castel dans le goût de la Renaissance. On y voyait de belles peintures, des faïences de Palissy, des armes florentines, des dagues de Tolède, des guipures de Venise. Des coffres ornés des noms d'Abraham, de Moïse, de David, de Salomon, gardaient les trésors du château.

Le style du château de Pau se retrouve également dans l'architecture monumentale des Tuileries, du Louvre et du palais du Luxembourg.

Sous Marguerite de Valois les Béarnais ravis disaient :

> « Qui n'a pas vist lou castet de Paü
> Yamey n'a vist arey de jaü. »
> (Qui n'a pas vu le château de Pau
> N'a jamais rien vu de beau.)

Les chiffres de Henri et de Marguerite sont entrelacés encore dans les médaillons qui décorent les fenêtres et les portes de la cour du vieux château.

Tous les deux s'occupèrent du bien-être matériel et du progrès moral des populations qu'ils gouvernaient.

« Après s'être bien logés, dit un auteur du temps, ils donnèrent ordre à la vie et aux lois. » Et la Navarre leur dut les bonnes institutions qui assurèrent le bonheur de sa population.

Henri eut à se défendre contre les armées de Charles-Quint, dont l'invasion en Béarn fut rapide comme un orage. Charles-Quint, vainqueur, disait de lui : « qu'il n'avait rencontré qu'un seul homme en France, et que cet homme était le roi de Navarre. » Le mot est bien espagnol !

Charles-Quint ! grande figure, au front taciturne, à la pensée contenue, qui, après avoir rempli le monde de tant d'éclat et de bruit, se regarde mourir et assiste à sa fin dans l'ombre d'un cloître !

Celui que le pouvoir avait fait fort, celui que la victoire avait fait grand, s'éteint à la lueur d'une lampe à demi voilée, entre les murs d'une cellule, contemplant une tête de mort, au bruit du vent qui pleure dans les noirs corridors du couvent de Saint-Just.

Le froc remplace la pourpre. Charles-Quint meurt, les yeux fixés sur un sablier ; il essaie sa bière avant de s'y coucher ; son oreille s'habitue au chant funèbre du

Dies iræ, et le moine empereur vient poser sa tête sur un chevet de granit, cette tête lasse de porter le poids de tant de couronnes!

Dans ce temps, la religion catholique et le protestantisme, qui n'étaient d'abord que deux croyances, devinrent deux partis.

Les hardiesses de Luther, apportées d'Allemagne, étaient discutées devant les conciles de France.

Les premiers apôtres de la réforme trouvent asile à la cour de Navarre. Marguerite prend une part active à cette propagande naissante. Les femmes sont surtout séduites par l'attrait des idées nouvelles.

Jean Calvin, fuyant les poursuites des Sorbonnistes, passe par une fenêtre; déguisé en vigneron, et traqué de toutes parts, il trouve un refuge à la cour de Marguerite de Navarre.

L'histoire raconte que les murs du château de Pau furent témoins de profanes mystères. On y célèbre la messe avec les ornements pontificaux, et tandis que des voix graves entonnent les psaumes et les chants grégoriens, de scandaleux éclats de rire viennent interrompre les hymnes sacrés.

Sans doute, Marguerite va trop loin dans la protection qu'elle accorde aux hérétiques. Le président Hénault l'accuse « d'avoir été la cause des progrès de la secte naissante et des guerres de religion qui ont décimé ces contrées. »

On pourrait étudier dans l'histoire de la reine de Navarre celle des premiers progrès du protestantisme en France; mais la brièveté de mes récits de voyage ne me permet pas de me livrer à ces recherches.

*

Le parc du château de Pau est un vaste bois planté sur une colline et coupé par de longues allées. On y chemine sous le dôme de chênes superbes. Les fleurs sauvages y prodiguent leurs senteurs âpres et pénétrantes. Qu'il est bon de rêver sous ces vieux arbres! Jean-Jacques disait : « Rarement j'ai pensé avec plaisir; la réflexion me fatigue et m'attriste; la rêverie me délasse et me berce. »

Je me laissais bercer!... J'écoute le chant de mille oiseaux, d'où ruissellent des grappes de notes vibrantes. J'écoute les merles à la belle voix, la tourterelle plaintive, la fauvette qui s'ébat vive et folle : tous jasent, babillent à perdre haleine, au milieu d'un nid de fleurs, que le soleil inonde de ses rayons d'or.

Au pied du château s'étend un vaste parterre. Là, l'héliotrope se tourne vers le soleil ; les graminées ouvrent leur calice ; les bruyères hérissent leurs flèches aux mille couleurs ; les cactus étalent leurs cloches rouges ; les pensées de velours émaillent un tapis d'émeraudes ; les belles de jour saluent l'astre qui les fait vivre tandis que leurs sœurs, les belles de nuit, s'ouvrent devant la première étoile. Les vignes échevelées courent et grimpent aux murailles du vieux manoir, et les demoiselles bleues, aux ailes de gaze, boivent au calice des fleurs. Et tout en marchant dans ces longues allées, il me semblait voir soudain la *Marguerite* des *Marguerites* s'avancer avec son port de reine. C'était bien elle ; voilà son profil accentué, sa lèvre fine, souriante ; et je la nommais volontiers avec l'histoire *la quatrième des Grâces et la dixième des Muses.*

Plus loin, je croyais encore l'apercevoir au milieu des fleurs qu'elle acclimatait dans ses jardins, cueillant celle qui porte son nom, la consultant peut-être sur quelque secret qu'elle eût voulu pénétrer, et s'enivrant du double parfum de la poésie et des roses.

Marguerite avait attaché à sa cour, sous un titre qui semblerait aujourd'hui plus que modeste, celui de *valet de chambre*, Despériers et Clément Marot. Elle entretint avec ce dernier un échange de poésies. Elle badinait aussi avec Jean de Montluc, le moine défroqué, sur certains points du dogme catholique. C'était ce Montluc qui avait fait autrefois une apologie de la Saint-Barthélemy, tandis que son frère, Blaise de Montluc, avait reçu de Henri III le bâton de maréchal de France et le surnom de *boucher royaliste* pour la guerre sans merci qu'il avait faite aux calvinistes.

Les nouveautés en fait de foi flattaient les ressentiments de la reine contre la Cour de Rome car elle lui gardait une profonde rancune de la Navarre perdue.

Despériers écrivait, dit-on, les nouvelles que signait la reine de Navarre; on ajoute même (la malignité est donc de tous les temps et de tous les lieux;) que le poëte Clément Marot sut inspirer à cette reine des sentiments trop tendres. Et, cependant, qui pourrait nous affirmer qu'elle aima dans le poëte autre chose que la poésie?

Marot adressait ces vers à Marguerite :

> Je suis le serf d'un monstre bien étrange,
> Monstre, je dis, car pourtant, vrai, elle a
> Corps féminin, cœur d'homme et tête d'ange !

Voici encore de jolis vers adressés par ce poëte

à la reine, qui lui avait envoyé une lettre avec ordre de la brûler :

> Bien heureuse est la main qui la ploya
> Et qui, vers moi, de grâce, l'envoya.
> Bien heureuse est qui envoyer la sut,
> Bien plus heureux celui qui la reçut.
> Aucune fois au feu, je la mettois
> Pour la brûler ; puis soudain l'en ôtois,
> Disant : « O lettre (après l'avoir baisée),
> Puisqu'il le faut, tu seras embrâsée,
> Car j'aime mieux deuil en obéissant,
> Que doux plaisir en désobéissant. »

Pour conclure, je m'en tiens au vieil auteur qui nous dit que : « Marguerite, malgré son goût pour les aventures galantes, était chaste et peu sujette aux passions. »

Érasme, le grave Érasme célèbre sa vertu !

CHAPITRE VII

Cour de la reine de Navarre. — Salons des dix-septième et dix-huitième siècles. — Paroles de Marguerite de Navarre. — Mort de François Ier et de Marguerite. — Jeanne d'Albret. — Antoine de Bourbon. — Naissance de Henri IV. — Mort de Henri II et de Jeanne d'Albret. — La Saint-Barthélemy.

La reine de Navarre écrivait ses contes, ses poésies, sans penser, peut-être, qu'un jour, contes et poésies lui survivraient.

« Les lettres et contes de Marguerite de Navarre, dit Sainte-Beuve, font honneur à ses qualités morales et généreuses. »

Marguerite était aux eaux de Cauterets, au fond des Pyrénées, entourée de toute sa cour, de ses savants, de ses poëtes. Elle avait composé un livre qui a pour titre : « *Miroir de l'âme pécheresse.* » Ce livre fut vivement attaqué et vivement défendu. Elle écrivit aussi *l'Heptaméron*, recueil de contes d'une licence trop naïve. »

Je ne sais qui a dit d'elle : « L'aimable théologienne est petite-fille de Boccace et grand'mère de La Fontaine. »

L'heure de quitter Cauterets vint à sonner. Les torrents avaient brisé leurs digues, et l'inondation ne permettait pas de retourner à Tarbes.

La reine, après bien des fatigues et des périls de toute nature, parvint à gagner Saint-Savin. Elle raconte elle-même cet épisode dans la préface de ses Nouvelles.

« Or advinrent, dit-elle, des pluies si merveilleuses et si grandes qu'il sembloit que Dieu eût oublié la promesse qu'il avoit faite à Noë de ne plus détruire le monde par eau.....

» Après avoir chevauché tout le jour, nous advisâmes un clocher où, le mieux qu'il nous fut possible (non sans effort et sans peine), arrivâmes, et fûmes de l'abbé et des moines humainement reçus. L'abbaye se nommoit Saint-Savin. L'abbé, qui étoit de fort bonne maison, nous logea fort honorablement, et, nous conduisant à son logis, nous demanda de nos fortunes. Après qu'il eût entendu la vérité du fait, il nous dit que nous n'étions pas tout seuls, car il avoit, en une autre chambre, deux damoiselles qui avoient échappé grand danger, car les pauvres dames, à demi-lieue deçà Peyrehitte, avoient trouvé un ours descendant de la montagne, devant lequel avoient pris course à si grand haste, que leurs chevaux, à l'entrée du logis, tombèrent morts sous elles. Puis, quand nous voulûmes nous départir de là, l'abbé nous fournit des meilleurs chevaux qui fussent en Lavedan, de bonnes capes de Béarn, de force vivres et de gentils compagnons, pour nous mener sûrement par les montagnes, lesquelles passées plus à pied qu'à cheval, en grande sueur et travail arrivâmes à Notre-Dame de Sarrans. »

Il faudra bien des jours pour réparer les ponts écroulés dans le Gave, et là, arrêtés sur ces rives, les compagnons de Marguerite sont sommés de raconter, chacun à leur tour, des histoires *vraies, avant tout; dedans le beau pré, où les arbres sont si feuillus que le soleil n'en sauroit percer l'ombre ni pénétrer la fraîcheur.*

Ces récits sont, souvent, tant soit peu grivois; ils ont plus d'un trait de ressemblance avec le Décaméron de Boccace. Mais Dieu n'était pas oublié par cette cour dévote et galante; la prière avait son tour. On allait à l'église ou au prêche, du même pied que l'on courait au rendez-vous.

Aux quatorzième et quinzième siècles, la foi superstitieuse s'unissait aux habitudes galantes, et cette alliance prêtait fort au roman. La vie, qui s'enveloppait alors des voiles du mystère, se cachait derrière les murs impénétrables des châteaux-forts. C'était souvent au péril de sa vie que le chevalier allait, dans l'ombre, échanger avec sa dame quelques mots d'amour.

Marguerite comptait parmi ses filles d'honneur la belle Anne Boleyn, Anne, cette jeune beauté qui abaissa sous la hache du bourreau son front couronné par son royal amant Henri VIII.

Ce roi d'Angleterre, cette sorte de Barbe-Bleue historique, me rappelle les rois maures qui faisaient rouler, dans des bassins de marbre, les têtes sanglantes de leurs favorites, toutes chaudes encore de leurs caresses!....

A cette époque, discuter, rimer, chanter, n'avait rien qui pût flétrir l'honneur d'une reine; tant s'en fallait. Certaines gens sont pourtant d'avis, aujourd'hui, que chanter, écrire et rimer surtout, pourrait bien ternir un blason plus humble que celui d'une tête couronnée.

En écrivant ces quelques mots sur la cour de la reine de Navarre, un rapprochement se présente à mon esprit, et je me plais à le signaler.

Je compare l'indigence des salons du dix-neuvième siècle à la splendeur des cours de la Renaissance, à l'esprit des salons des dix-septième et dix-huitième siècles.

L'art de causer, né en France, y meurt chaque jour. Après les conversations prétentieuses de l'hôtel de Rambouillet et de la *chambre bleu-ciel*, viennent celles des salons de Mme de Lambert. Fontenelle, Lamotte-Houdar, le président Hénaut se groupent autour d'elle. A son tour, s'ouvre la petite cour de Sceaux, où la duchesse du Maine tient le sceptre de l'esprit, et où un langage moins quintessencié commence à être parlé par les célébrités du jour. Là, nous trouvons le cardinal de Polignac, Saint-Aulaire, la duchesse de Luynes, Voltaire.

Puis, viendront Mesdames de Tencin, du Deffant. Nous rencontrerons, chez Mme de Tencin, Montesquieu, Marivaux, Helvétius ; chez Mme du Deffant, nous verrons la duchesse de Choiseul, Pont de Veyle, Boufflers, Horace Walpole.

Mme de Tencin, grâce à l'amitié de Law, se fit riche ; puis, sous les auspices de la plupart des écrivains dont elle avait eu l'art de s'entourer et qu'elle appelait familièrement sa ménagerie, elle se fit auteur. Ses romans se distinguent par un style élégant et soigné.

Quant à Mme du Deffant, elle eut le travers d'aimer Horace Walpole avec un cœur de vingt ans, qui en comptait, hélas ! soixante-dix. Sur la fin de sa vie elle essaya de la dévotion par ennui.

Puis enfin, viendra Mme Geoffrin entourée de d'Alembert, de Diderot, de Thomas, du comte Poniatowski, de David Hume, de Wanloo, de l'abbé Galiani.

Bien que liée avec les philosophes, Mme Geoffrin avait des sentiments de réelle piété ; mais elle était douée d'une excessive indulgence. Son caractère tout entier se résume dans ce mot qu'elle avait pris pour devise : *Donner et pardonner*.

Parlerons-nous des soupers du baron d'Holbach où Dieu n'était pas assez respecté ? Je ne sais qui a dit avec raison : « Il n'y a pas de gloire là où Dieu a manqué. »

Le baron d'Holbach fut plus que *le maître d'hôtel de la philosophie*, comme on le surnommait alors.

Aussi généreux que bienfaisant, il se fit, avec conviction, l'agresseur audacieux des abus du pouvoir monarchique et sacerdotal. Égaré par une assez vaste érudition dans les sciences naturelles, il aboutit à l'athéisme le plus complet et il en formula les termes dans le livre qui a pour titre : « *Système de la nature ou des lois du monde physique et moral.* »

« Cet ouvrage, dit M. Villemain, écrit d'une manière fausse, pédantesque, abstraite et violente tout à la fois, choqua et révolta le bon goût de Voltaire qui, d'impatience, écrivit sur les pages de son exemplaire des notes, ou plutôt des sarcasmes contre les mauvais principes et surtout le mauvais style du livre. »

On connaît la formule qui courait alors le monde :

« Athée comme d'Holbach, ennemi du Christ comme Voltaire, matérialiste comme Diderot, déiste comme Jean-Jacques. »

Nous arrivons à Mme Necker, dont le salon s'éclaire d'une aurore nouvelle. Là, l'abbé Raynal, Arnault et Morelet donnent la réplique à Diderot, à Grimm, à Rivarol, à Helvétius, à Chamfort. L'esprit genevois de Mme Necker est, peut-être, un peu tiré à quatre épingles; mais elle a eu la gloire d'être la mère de Mme de Staël, dont la vie se partagea entre l'exil et la défense de ses amis politiques. C'est à Coppet que Mme de Staël commença à écrire le roman de *Corinne*.

« Notre Dame de Coppet, disait lord Byron, a su rendre ce lieu aussi agréable que lieu sur la terre puisse le devenir par la société et le talent. »

Je gémis sur la disette de notre temps, mise en regard des derniers siècles.

☙❧

Qu'on me permette de revenir encore à Marguerite de Navarre.

L'un de ses mots familiers était celui-ci : « Nul ne doit

s'en aller triste ni marri de la présence d'un prince. »

Elle disait aussi : « Les princes et les rois ne sont pas seulement les maîtres et seigneurs des pauvres; ils sont encore, les ministres de Dieu pour les soutenir et pour les consoler. »

J'aime ces vers qu'on lui attribue :

> Car quand je puis auprès de moi tenir
> Celui que j'aime, mal ne me peut venir.

Cette pensée est bien féminine.

Peut-être, la reine de Navarre savait-elle un peu trop de latin, de grec et d'hébreu; mais elle ajoutait à cette science acquise l'art que les femmes possèdent sans l'apprendre, celui de se faire aimer.

Un seul reproche, toutefois, peut s'adresser à Marguerite, celui de s'intituler théologienne. La foi simple est une des grâces de la femme. Une femme doit croire à tout, à commencer par Dieu.

Un évêque de Meaux, de ce temps-là, écrivait à la reine de Navarre : « S'il y avait au bout du monde la grammaire, la rhétorique et la philosophie, vous y courriez comme au feu. »

Je ne sais si, aujourd'hui, de telles paroles trouveraient à qui s'adresser dans les salons.

Que de grandes dames qui portent une haine incorrigible à l'orthographe! Les reines et les princesses des temps passés ne se doutaient pas que *Noblesse oblige*.... *à l'ignorance*; la découverte est plus récente.

J'ai pourtant rencontré chez une seule et même personne un blason et un talent; cela se voit encore.

Quand François Ier mourut, on cacha cette douloureuse nouvelle à sa sœur. « Ils étoient, dit Scévole de Sainte-Marthe, conjoints d'un si étroit et si fier lien d'amitié fraternelle que, ni de la mémoire de nos prédécesseurs, ni de la nôtre, onc n'en fût, dit-on, ni ouï, ni second. »

Dès que Marguerite apprit la mort de son frère, il ne lui resta au cœur que le désir de l'aller rejoindre; elle s'écria :

> Las! tant malheureuse je suis,
> Que mon malheur dire ne puis,
> Sinon qu'il est sans espérance!

La mort surprit la reine de Navarre au château d'Odos, près de Tarbes, en 1549; elle était, alors, âgée de 58 ans. Son corps fut rapporté à Pau, au milieu des populations désolées.

Cette fin prématurée ne lui laissa pas le temps d'achever ses poésies; dans ses derniers moments elle disait : « La vie est une mer orageuse, et la plus éprouvée est celle qui conduit le plus sûrement au port! »

L'existence de Marguerite fut largement remplie ; son cœur avait été comblé par les tendresses de sœur, de femme et de mère !

⁘

N'est-il pas curieux de voir dans ces temps reculés le goût de la poésie se manifester en si haut lieu? L'ère de la Renaissance avait mis l'art en honneur. L'art, dans toutes ses variétés, est-il autre chose qu'une seule et même langue différemment parlée? A la peinture la couleur, à la sculpture la forme, à la musique le son, à la poésie les mots! Les passions, ces forces vives de l'âme, ne peuvent-elles pas, également, se traduire en notes, en paroles, sur la toile ou avec le marbre? Les passions des grands génies, tels que Michel-Ange, Dante et Mozart, ne revivent-elles pas dans leurs chefs-d'œuvre, notre héritage? Si la parole nous fait penser, la peinture et le chant nous font sentir. L'œil et l'oreille sont les organes du cœur.

Malheureusement, aujourd'hui, le réalisme semble courir après les difformités comme jadis l'art s'élevait jusqu'au beau idéal! Le beau, n'est-ce pas là ce que rencontraient, sans le chercher, Homère et Virgile, Raphaël et Michel-Ange? La nature, elle-même, veut être idéalisée; séparez l'art de l'idéal, il se matérialise et se perd.

Rentrons en Béarn.

***

Jeanne d'Albret fut le seul enfant issu du mariage de Henri II et de Marguerite de Valois. Elle naquit en 1528 et fut adorée de François Ier et de Henri II; ce qui la fit surnommer : « *la Mignonne des Rois.* »

François Ier voulut lui faire épouser, dès l'âge de onze ans, Guillaume de Clèves; elle refusa, pour s'unir, en 1548, à Antoine de Bourbon, représentant de la branche de Saint-Louis, qui l'aimait éperduement. Ils furent proclamés roi et reine de Navarre dans le château de Pau.

Jeanne apportait en dot la principauté de Béarn, le Périgord, le comté de Bigorre, etc., etc. Antoine de Bourbon avait une certaine majesté dans les manières : « Mais, dit l'Estoile, il étoit si facile, si indolent, si voluptueux, qu'une intrigue d'amour lui faisoit abandonner les plus grandes affaires du royaume. »

Antoine fut un prince sans mérite, qui ne fit ni le bonheur de Jeanne, ni celui de ses sujets. Cependant un autre auteur nous dit de lui : « Il se montroit fort animé, brave, vaillant, et aussi prompt, d'ailleurs, que personne, à faire pendre les hérétiques. »

L'éloge est mince.

Il fut tué au siège de Rouen d'un coup d'arquebuse tiré du haut des tours. Une mort courageuse effaça les torts de sa vie. Il expira dans un bateau sur la rivière de Seine, en 1562.

Jeanne d'Albret était profondément instruite; elle savait la plupart des langues mortes et vivantes : « Princesse, dit d'Aubigné, n'ayant de la femme que le sexe, l'âme entière aux choses viriles, le cœur puissant aux grandes affaires et invincible aux adversités. »

Jeune, elle montrait peu de goût pour les nouveautés hardies, et Brantôme dit d'elle : « Qu'elle aimoit autant une danse qu'un sermon. » Plus tard, elle devint la protectrice des Calvinistes. On la voit quitter ses atours de reine pour prendre la robe noire des femmes du prêche, se tenant au puritanisme le plus absolu. Profondément aigrie contre le roi d'Espagne qui lui avait enlevé la Navarre, elle abolit les couvents dans ses États, justement parce que Philippe II en avait multiplié le nombre dans les siens.

C'est au château de Pau que naquit Henri IV.

Ici l'on dit toujours : « Lou nouste Henri. » (C'est notre Henri.)

Jeanne avait eu successivement plusieurs enfants qu'elle avait perdus. Henri II, son père, espérant qu'elle en donnerait encore un à la Navarre, lui dit que seul il comptait se charger de l'enfant qu'elle portait dans son sein.

Jeanne, pour céder au désir de son père, traverse la France ; elle arrive au château de Pau. L'histoire raconte (mais sur ce fait il existe plusieurs versions) que Henri II avait fait un testament qui n'était pas en faveur de Jeanne. Un jour donc, il lui montra une boîte d'or et lui dit : « Tu vois cette boîte ; je te la donnerai avec l'acte qu'elle renferme si, en mettant au monde ton enfant, tu chantes une chanson béarnaise, afin de ne point *faire un enfant pleureux et rechigné.* »

Dès que Jeanne sent les douleurs de l'enfantement, elle appelle son père et elle entonne d'une voix ferme : « *Noustre Damo deoû cap deoû poun, adjudat me a d'aqueste poun oro.* » (Notre-Dame du bout du pont, aidez-moi à cette heure.)

La reine chantait encore quand l'enfant vit le jour : « Il naquit, disent les historiens, sans pleurer ni crier. »

Henri remit à Jeanne la boîte d'or : « Voilà ce qui est

à vous, dit-il, et voici ce qui est à moi. » Il emporte l'enfant, l'embrasse, lui frotte les lèvres avec de l'ail, lui verse dans la bouche quelques gouttes de vin de Jurançon et s'écrie : « *La brebis a enfanté un lion!* »

Le jeune Henri, élevé à la Béarnaise, est nourri, au hameau de Bilhères, par une simple villageoise. Plus tard il habite le château de Coarraze, au pied des Pyrénées.

Là encore, il est traité comme les enfants de la contrée. Il marche tête nue, pieds nus, gravissant les rochers, luttant, avec les autres enfants, d'agilité et de vigueur, comme plus tard il luttera de génie et d'intrépidité avec ceux qui voudront lui fermer le chemin du trône.

La mort de Henri II, qui s'éteignit avec la fermeté d'un vrai montagnard et celle d'Antoine de Bourbon, mari de Jeanne d'Albret, la firent régente du royaume de Navarre.

Henri II n'avait pas survécu longtemps au bonheur de se voir revivre dans son petit-fils.

Jeanne accoutume son fils aux exercices les plus rudes. Le sommeil du jeune Henri ne pouvait excéder six heures; il devait accomplir à cheval, et à bride abattue, les courses les plus périlleuses. C'est ainsi qu'elle lui fit un cœur d'acier et des membres de fer.

Vouée tout entière à l'éducation de ses enfants, Catherine et Henri, Jeanne régnait en roi et donnait chaque jour audience à ses sujets, leur rendant justice à tous.

Mais il faut convenir que Jeanne dépassa la haine que sa mère portait au catholicisme. Elle défendit, sous peine de mort, les processions extérieures, attendu, disait-elle, qu'elle voulait la plus complète liberté évangélique.

Un jour de fête, les catholiques tenant à faire une manifestation publique de leur culte, sortent de l'église. Du haut des tourelles de son château de Pau, Jeanne les voit enfreindre sa défense. Les huguenots, excités par elle, lancent contre eux des masses de pierres et le sang coule.

C'est alors que le château de Pau devint le théâtre d'assassinats juridiques et de massacres nombreux.

Un Béarnais, La Mothe Gondrin, ose reprocher à Jeanne ses rigueurs contre les catholiques : « Le roi de France, lui dit-il, ne reconnaît qu'un seul culte dans ses États. » — « Quant au roi de France, lui répond-elle, il fait chez lui ce qui lui plaît ; je suis reine chez moi ! »

« Quelle comparaison faites-vous-là, Madame, reprend La Mothe Gondrin, je franchirais votre royaume en un cloche-pied ! »

« Eh bien! réplique la reine, sortez-en sur l'heure. »

Là, se borna sa vengeance. Elle ne fut pas toujours aussi clémente.

※

Quels temps que ceux où règne le sombre fanatisme! D'une part le catholicisme et la papauté, la maison des Guise et l'Espagne; de l'autre, le protestantisme, Calvin et Elisabeth!

L'histoire nous fait le récit de ces guerres religieuses si meurtrières qui ensanglantèrent le midi de la France. Ces hommes éprouvés par le fer et le feu, au caractère de granit, défendaient leur croyance jusqu'à la mort. Partout l'assaut et le pillage; les plaines et les cités étaient dévorées par l'incendie.

Les tortures et les massacres auraient eu le danger d'amener les peuples à la négation de toute croyance si les crimes de l'homme pouvaient être imputés à Dieu.

La lutte était incessante. Tandis que Blaise de Montluc tuait au nom de la ligue, Montgommery tuait au nom de la réforme. Normand d'origine, il est chargé par la reine Jeanne de réduire les catholiques rebelles. D'après ses ordres, il commet des actes de cruauté dont le récit fait horreur. Il abat les églises, brûle le couvent de Trie, et fait précipiter les moines dans un puits. Il répond au prieur qui intercédait pour ces infortunés : « Je n'ai garde de vous traiter comme eux, et je vous rendrai les honneurs qui sont dûs à votre naissance et à votre dignité, en vous faisant pendre à la porte principale du couvent. »

Ce qui fut dit fut fait.

Montgommery ne respectait pas même les morts; le crâne de Gaston de Foix figura un jour dans une de ses parties de quilles.

Comment ne point haïr la guerre qui fait du meurtre non-seulement une nécessité, mais aussi une gloire! Si nous embrassons d'un coup d'œil l'œuvre du fanatisme de tous les siècles, nous verrons les massacres de Richelieu, les proscriptions en masse de Louis XIV, les supplices cachés, les exils dans les climats qui tuent, les cachots sous les lagunes, les *in-pace* de l'inquisition, et nous reculerons d'épouvante!

Dans le grand siècle, Fénelon écrivait à Bossuet : « Si l'on veut faire abjurer aux populations le christianisme et leur faire adopter le Coran, il n'y a qu'à leur envoyer des dragons. »

Heureux ceux qui servent un Dieu de paix, comme

l'ont servi Fénelon, saint Vincent de Paul et saint François de Sales!

※

Jusqu'en 1546, Henri est élevé à la cour de France. A son arrivée à Paris, Charles IX fait un assez froid accueil au roi et à la reine de Navarre. Tout en caressant le jeune Henri : « Veux-tu être mon fils? lui demande le roi ; Henri répond, en lui montrant son père, Antoine de Bourbon : » *Aquet es lou seignou païj* (celui-là est monsieur mon père).

Au collége de Navarre il a pour compagnon le duc d'Anjou, qui fut roi de France, et le duc de Guise qui voulut l'être. Une étroite amitié s'établit entre les trois Henri.

En 1571, Jeanne d'Albret se rend en France, attirée par Catherine de Médicis, qui lui offre pour son fils la main de sa fille Marguerite de Valois.

Le mariage est célébré au Louvre suivant le cérémonial des deux religions.

C'est au milieu des réjouissances de ces royales épousailles que se prépare dans l'ombre le massacre de la Saint-Barthélemy.

Le 4 juin 1572, Jeanne d'Albret est saisie d'une fièvre ardente ; elle comprend d'après son expression : « qu'elle va entrer dans l'autre vie, » et elle expire dans sa quarante-quatrième année. Forte à l'heure de la mort, elle s'écrie : « Dites à ma fille que sa mère mourante lui recommande de se montrer ferme et constante au service de Dieu ; dites-lui que je la remets en la garde et protectection de Dieu qui la gardera et protégera, si elle le sert ! »

Jeanne d'Albret avait, dit-on, été empoisonnée en touchant des gants de peau que lui avait vendus René, le parfumeur de Catherine de Médicis, surnommé *l'empoisonneur de la reine*.

« Le 24 août 1572, à minuit, dit d'Aubigné, au moment même où la Saint-Barthélemy alloit commencer, la reine Catherine, craignant l'irrésolution de son fils, descend dans la chambre du roi où se trouvoient les ducs de Guise et de Nevers, Tavannes et le cardinal de Retz, et ayant trouvé le roi en quelque doute, la reine dit ces paroles : « Ne vaut-il pas mieux déchirer ces membres pourris, que le sein de l'Église, épouse de Jésus-Christ ! »

Donc, la cinquième nuit qui suivit celle des noces de Henri et de Marguerite, au signal du tocsin de Saint-Germain-l'Auxerrois, à la lueur des torches, s'accomplit le massacre de la Saint-Barthélemy.

Des scènes de carnage ensanglantent Paris; l'ai retentit sous les coups d'arquebuses, sous les cris des gens poignardés, sous les gémissements des blessés qu'on jette dans la Seine ; partout règnent l'épouvante et la terreur!... Le massacre dura trois jours ; ou porte à quatre mille le nombre des victimes.

« Ainsi, dit Péréfixe, les joies nuptiales furent pour Henri la mort de sa mère, et la fête des épousailles fut le massacre général de ses amis. »

Henri sauvé par Charles IX se fit catholique.

Catherine de Médicis ne se consola pas d'avoir vu le roi de Navarre et le prince de Condé échapper au massacre. Henri était l'homme pour lequel Catherine éprouvait la plus vive aversion. Quelle figure imposante et sinistre que celle de la digne mère de Charles IX ! Elle était vindicative, surtout lorsqu'elle savait que sa vengeance servirait son ambition. Mais toutes ses passions étaient subordonnées à celle de dominer ; le sang qu'elle a fait verser, a laissé sur son front une tache indélébile !

Henri s'était fait catholique aux pieds de Charles IX ; mais il était resté huguenot au fond de l'âme. En 1576, il parvint à s'évader de la cour de France, et se mit à la tête du parti calviniste. Il partit, laissant à Paris, disait-il, deux choses dont il se souciait peu : *la messe et sa femme.*

CHAPITRE VIII

Entrée de la reine Marguerite à Pau. — Mort de Henri III. — Catherine de Navarre. — Mort de Henri IV. — Guerres religieuses. — Château de Pau. — Abd-el-Kader.

« La reine Marguerite de Valois, femme de Henri IV, se rend à Pau, nous dit un auteur du temps ; elle marche, accompagnée de sa cour, dans une litière faite à piliers, doublée d'incarnat d'Espagne, avec broderies d'or et de soie, et toute vitrée. Ces vitres étoient faites à devises différentes avec des mots espagnols et italiens; dix belles jeunes filles accompagnoient à cheval la reine, et six carrosses et chariots amenoient sa cour. »

Avec Marguerite, les jeux et les plaisirs rentrèrent au château de Pau. Le soir, fêtes et bals, où la reine se plaît à danser la *Pavane* d'Espagne et le *Pazzomano* d'Italie. « On aimoit, dit un historien de l'époque, à la voir sous ses riches toilettes, avec ses robes de satin blanc, de velours incarnat d'Espagne, avec son bonnet de velours bien dressé de plumes et de pierreries. Ses belles filles d'honneur étoient habillées de clinquant, et les perles brilloient sur leurs fronts. »

Brantôme dit d'elle : « Ne semble-t-il pas voir cette belle reine, en tel appareil, paroître comme la belle aurore avant le jour, avec sa belle face blanche et entourée de sa vermeille et incarnate couleur. »

Marguerite de Valois était presque savante; elle avait le goût des arts et des lettres ; ses tendances la portaient vers les choses de l'esprit. Elève de l'helléniste Amyot, elle parlait le grec, et c'est en latin qu'elle haranguait l'Université. Spirituelle, et galante, ses habitudes étaient celles de la cour des Valois.

Elle affichait le plus grand respect pour la religion et le plus grand mépris pour les mœurs. Elle entendait trois messes par jour et passait de l'autel aux rendez-vous amoureux, « prétendant savoir mener de front *ces deux passe-temps.* »

Généreuse jusqu'à la prodigalité, mobile, perverse en fait d'amour, elle eut toutes les passions du seizième siècle.

Le mariage de Henri et de Marguerite ne pouvait être heureux ; c'était une union toute politique. Que de querelles conjugales, que d'intrigues de part et d'autre !

Le roi, mari trompé et trompeur, faisait à sa femme mille infidélités dont elle ne tardait pas à se venger.

Mais nous ne suivrons ni le roi, ni la reine dans leurs faiblesses mutuelles ; nous renverrons nos lecteurs aux mémoires de Marguerite de Valois.

« La reine Marguerite a beaucoup de mérites et de qualités, disait Tallemant des Réaux ; elle ne pèche qu'en ce point de galanterie. »

Brantôme, de son côté, félicitait publiquement la reine et de sa science et de ses amours. « Je louerois davantage votre œuvre, répondit-elle avec esprit, si elle ne me louoit pas autant. »

La diversité des croyances amenait encore la division dans le royal ménage. A Pau, où cette cour faisait sa principale résidence, tout exercice du culte catholique était défendu. On ne permettait à Marguerite de faire dire la messe que dans la chapelle qui ne contenait que six à sept personnes.

Marguerite ne tarda point à regretter la France où l'on disait : « La cour est veuve de sa beauté ; nous avions bien à faire que la Gascogne vînt *gasconner* et ravir notre merveille ! »

Un jour elle quitte Pau en se promettant de n'y plus rentrer.

☙✠❧

Un dominicain fanatique, Jacques Clément, venait d'assassiner Henri III au camp de Saint-Cloud. Le Béarnais se présente et voit deux moines priant aux pieds du roi mourant. Celui-ci rassemble ses forces et recommande au roi de Navarre sa mère et sa femme. « Mon frère, dit Henri III avant d'expirer, vous voyez dans quel état je suis, je meurs content de vous avoir près de moi ; je vous laisse un royaume dans un grand trouble ; la couronne vous appartient ; je prie Dieu qu'il vous fasse la grâce d'en jouir plus paisiblement que moi ! »

Rejeté par le parti catholique, car il avait rétracté à Tours son abjuration forcée, excommunié par Sixte V, Henri ne put retenir dans son armée les seigneurs catholiques qui avaient suivi Henri III. La ligue refusa de le reconnaître et lui préféra son oncle, le vieux cardinal de Bourbon, qui fut proclamé roi sous le nom de Charles X.

C'est alors que le Béarnais bat Mayenne à Arques, à Ivry. Il assiége deux fois Paris d'où il s'éloigne à l'arrivée du duc de Parme envoyé par les Espagnols.

Henri assiége Rouen sans succès ; mais la trahison de Brissac lui ouvre les portes de Paris, et son abjuration du calvinisme à Saint-Denis lui rallie la majorité de la nation. Paris lui ouvre ses portes le 22 mars 1594.

Le Béarnais avait été successivement Henri II de Béarn, Henri III de Navarre et Henri IV de France.

A côté de Henri IV, l'histoire nous montre une illustre princesse, Catherine de Navarre, sa sœur.

On se rappelle qu'elle était venue à Paris avec Jeanne d'Albret, sa mère, lors du mariage de son frère Henri. Catherine courait au devant des fêtes, et elle assista à l'agonie de sa mère. Cette mort si prompte éveilla en elle d'affreux soupçons, et après les massacres de la Saint-Barthélemy, elle s'enfuit à Pau pour y chercher un refuge.

Catherine avait été élevée par Jeanne d'Albret, dans le silence et la solitude. Henri ne l'appelait jamais « que sa très-chère et très-aimée sœur. » Elle remplaçait au Béarn son frère absent. Dès l'âge de vingt ans, il l'avait nommée *lieutenante générale* et *régente* du Béarn et de la Navarre. Elle résida au château de Pau et y cultiva la musique et la poésie. « Catherine, disent les auteurs du temps, joue bien du luth et chante encore mieux. »

Sa vie était austère et paisible. Calviniste sincère, elle pratiquait ce culte avec rigueur.

Jamais règne ne fut plus prospère. Sa cour était brillante. Dans les salles du château de Pau se pressaient de jeunes et vaillants seigneurs, aux hauts-de-chausses bouffants, aux jarretières houppées, aux pourpoints collés au corps, avec la grande fraise bien goudronnée, la moustache relevée, la longue barbe et le chapeau à l'espagnole.

Catherine aima son cousin-germain, le comte de Soissons, qui encourut la disgrâce du roi de France et ne put l'épouser. Mais rien ne vint altérer les sentiments de cette princesse, et pendant de longues années son cœur garda le même amour. Sa vie a tout l'intérêt du roman le plus saisissant.

Le duc de Montpensier était fort épris de Catherine; Malherbe célébrant l'attachement de ce prince, lui fait tenir ce langage :

Beauté par qui les dieux, las de notre dommage,
Ont voulu réparer les défauts de cet âge ;
Je mourrai dans vos feux ; éteignez-les ou non :
Comme le fils d'Alcmène, en me brûlant moi-même
Il suffit qu'en mourant dans cette flamme extrême
Une gloire éternelle accompagne mon nom ! »

Henri IV maria sa sœur en 1599, à Henri de Lorraine, duc de Bar.

Le château de Pau fut alors abandonné. Lorsque Catherine quitta la Navarre, une femme du peuple lui dit : « Ah! Madame, nous voyons bien votre départ comme nous avons vu celui de votre mère ; mais nous ne verrons pas le retour! »

Catherine persista dans le protestantisme ; elle mourut à quarante-six ans, à Nancy, sans avoir revu sa ville natale. Sa mort précéda de six années celle de son frère.

※

Nous n'avons pas suivi la reine Marguerite dans toutes les péripéties de sa vie. Nous nous bornerons à dire que lorsqu'elle revint dans le Béarn, Henri ne voulut pas la recevoir. Devenu roi de France, il fit casser son mariage par Clément VIII. La reine répudiée resta en Auvergne jusqu'en 1605. Rentrée alors à Paris, à l'âge de soixante-trois ans, elle y fit bâtir un palais, rue de Seine. Sa maison devint l'asile des beaux esprits du temps. Marguerite, dans sa vieillesse, eut Maynard pour secrétaire et saint Vincent de Paul pour aumônier. Elle mourut, en 1615, laissant quelques poésies, des lettres et des mémoires.

Elevée au trône de Navarre et sur celui de France, son front portait deux couronnes, et la moitié de sa vie s'écoula en exil.

⁂

En 1600, Henri IV avait épousé Marie de Médicis, fille de François II, grand-duc de Toscane.

A peine venait-elle d'être couronnée à Saint-Denis, que pendant les fêtes qui se préparaient, Ravaillac, d'exécrable mémoire, suit le carrosse du roi dans Paris, l'atteint rue de la Ferronnerie, au milieu d'un embarras de voitures, et là, monté sur une borne, il plonge un couteau dans le cœur de ce prince tant aimé.

A la nouvelle de l'attentat qui jette la France dans le deuil, un cri de douleur et d'effroi s'échappe de toutes les bouches.

On raconte que le jour de la mort de Henri IV, l'écu de ses armes tomba à terre et se brisa. On dit aussi que les vaches du troupeau royal s'étant couchées en rond, le taureau qu'on nomme le *roi* entra en fureur et expira. Et le peuple de s'écrier : *Le roi de France est mort !* Quelques historiens ont représenté Henri IV comme un roi bonhomme ; mais l'étude de son règne révèle un grand roi qui sut aussi être un bon roi.

Louis XIII vint à Pau en 1607. A cette époque, les calvinistes avaient les sympathies du peuple tandis que la puissance royale soutenait les catholiques.

N'est-on pas terrifié au récit des guerres, des massacres qui, sous un prétexte religieux, ensanglantèrent les belles provinces du Midi ?

L'excès de la foi conduit au fanatisme, et le fanatisme veut du sang.

Avec le temps, la révolution française proclamera la liberté des cultes dans l'État et l'Europe subira le mouvement imprimé par la France. A chacun sa foi, ses songes, ses rêveries ! Mais si les dogmes en souffrent, au moins le sang ne coule plus.

Revenons au château de Pau. L'extérieur a perdu son caractère. Il fallait le consolider ; on a cherché à l'embellir en modifiant son style primitif. On a voulu donner à ce monument des vieux âges un aspect symétrique qui dénature son antique origine. Il ne lui reste de son architecture ancienne que la cour intérieure. La porte d'entrée est bâtie en briques et en galets sortis du Gave qui bouillonne à ses pieds.

Dans cette cour les ornements remontent à Henri II. On y reconnaît l'élégant travail des artistes florentins amenés en France par les Médicis. Là, je retrouve une mosaïque et des médaillons en pierres de plusieurs âges. Les fenêtres du château sont carrées ou ogivales, et leur irrégularité est un de leurs mérites.

Malgré les restaurations inintelligentes, à première vue, l'aspect gigantesque du château de Pau est saisissant. Le Gave roule à ses pieds entre deux rives de cailloux et de débris. Les collines de Gélos et de Jurançon coupent la plaine; les Pyrénées bordent l'horizon et étagent leurs découpures d'argent sur le bleu du ciel.

C'est au pied du vieux Castel où se lèvent en foule les souvenirs historiques, que je fis les vers suivants :

LE CHATEAU DE PAU

Nobles donjons ! nobles tourelles !
Palais guerrier bâti par les géants ;
Les révolutions ont de tes murs béants
Voulu saper les pierres immortelles.
Ont-elles déchiré ce livre des grands jours,
Ce vaste monument ciselé par la gloire ?
Non ! — car de nos héros il nous redit l'histoire ;

Sur ses murs ébréchés nous en suivons le cours.
    Blessé du temps, mais fier de sa blessure,
Mutilé, chancelant, et saignant de partout,
Il se redresse encor sous sa vaillante armure,
        Immobile et debout !

Quelle est donc ta noblesse ? Un sombre amas d'années,
    Tes vieux fleurons, tes salles ruinées,
Même la main du temps, ce fatal destructeur,
Dis-le-moi, pouvait-il atteindre à ta hauteur ?

Château du grand Henri, de ta tête sublime
Tu domines les monts dans les brumes noyés !
Ils s'élèvent au loin, ils gisent à tes pieds ;
De toute ta grandeur tu dépasses leur cime.

La nuit s'étend partout ; dans tes murs rien ne luit ;
Les siècles t'ont voilé de leur ombre nocturne ;
Leurs rides ont vieilli ton beau front taciturne.
    Quel silence après tant de bruit !

Tous les chants ont cessé sous tes vieilles murailles ;
Non, rien n'y retentit, ni les voix, ni les cœurs ;
    Tu n'entends plus le clairon des batailles,
    Tu n'entends plus les hourras des vainqueurs !
Comment rêver la vie en ce cercueil de pierre ?
Comment y réveiller les chants et les amours,
Les plaisirs et les jeux, songes de ces grands jours
    Ivres de joie, ivres de guerre ?

  A Marguerite ici, sous les chênes discrets,
    La Muse aussi confiait ses secrets.
    Son frère aimé, prisonnier à Pavie,
    Mais toujours fier, sur la vitre inscrivait

Ces mots trop vrais que son cœur lui dictait :
« Souvent femme varie,
Bien fol est qui s'y fie. »
Une autre étoile brille au front de ce palais :
Jeanne d'Albret, la noble souveraine
Qui sut régner en roi, non pardonner en reine.

C'est la mère du Béarnais,
Qui chantait en donnant la vie,
Sans plainte, mais avec douleur,
A ce cœur de lion, à cette âme pétrie
D'héroïsme et d'honneur !
Sous la bure élevé, sans velours et sans soie,
Noble et royal enfant,
Gai, valeureux et toujours triomphant,
Robuste, audacieux, plein d'amour et de joie,
Le jeune et noble Henry
Remonte vaillamment les degrés de son trône,
Et sur son front replace la couronne.
Victorieux aux champs d'Ivry,
Son panache de gloire
Ralliait la victoire
Autour de son drapeau de la France chéri !

Quel est cet homme à l'œil sinistre et sombre ?
Et que vois-je briller dans l'ombre ?
La lame d'un poignard a mis la France en deuil,
Éplorée et priant au marbre d'un cercueil !

Oh ! trop fatale destinée !
Sur combien de tombeaux la France est inclinée !
Ses antiques châteaux, autrefois radieux,
Sont aujourd'hui déserts, mornes, silencieux ;
On s'égare au milieu des tristes solitudes

Où ne retentit plus la voix des multitudes.
Oh France! réponds-moi, qu'as-tu fait de tes fils?
Que sont-ils devenus, ô France! ô mon pays?
Les uns sont là, gisants sous le marbre et la pierre;
D'autres n'ont pour chevet que la terre étrangère.
Les révolutions, les tempêtes, les vents
Les ont-ils dispersés sous leurs sables mouvants?

    Le temps déploya-t-il son aile
Pour étendre sur eux une nuit éternelle?
Ton histoire, en deux mots, toi dont le pied chancelle
Aux souffles de la terre, aux orages d'en haut,
Fragile royauté: l'exil et l'échafaud!

Fils de France, dormez! Aux morts qui porte envie?
Dormez d'un doux sommeil après si rude vie!
Mais Charles de tes rois sera-t-il le dernier,
France de saint Louis et de François premier?

La splendeur du château de Pau avait atteint son apogée sous Henri II, Marguerite de Valois et Jeanne d'Albret. Ce château commença à être abandonné dès que Henri IV fut devenu roi de France.

Les murs de cette ancienne demeure ont recélé des preuves de la barbarie du moyen âge. Chacune de ses tours avait ses oubliettes, ses fantômes et ses souvenirs sanglants. Au deuxième étage de l'une des tours, des cachots avaient été pratiqués dans les murailles et on y découvrit des squelettes humains.

L'intérieur du château a subi aussi de tristes transformations. Si le grand Henri se levait de sa tombe pour y rentrer, sa surprise serait complète. C'est une demeure royale, mais ce n'est plus la sienne. Les escaliers, les combles, les salles n'ont rien gardé de leur aspect primitif.

Napoléon III a séjourné, à diverses reprises, au château de Pau. On assure qu'il veut en faire reconstruire quelques parties dans le style du temps ; ce serait une belle œuvre. Comme le fondateur de sa race, il aime à rattacher son nom aux vieilles splendeurs de la France.

J'ai connu ce prince enfant et jeune homme dans l'avant-gloire de sa vie ; recueilli dans son esprit, très-contenu dans sa parole, il y avait déjà quelque chose d'invincible dans sa pensée, comme les idées nouvelles dont il est le représentant.

Je l'avais compris lorsque je répondais à sa mère qui me disait, en faisant allusion à ses habitudes réservées et silencieuses : « C'est une énigme que mon fils ! » — « Non, Madame, repris-je, c'est un événement. »

Sa confiance en lui était sa force.

Il savait qu'il arriverait à l'empire et son audace l'y a conduit. J'avoue qu'à Arenenberg j'avais, par anticipation, compris sa destinée, et là, en exil, tandis qu'il était petit pour tous, il était grand pour moi.

Deux mots encore de ce que j'ai remarqué en traversant le château de Pau.

J'ai vu partout, dans les salles, des dressoirs, des bahuts sculptés, de belles horloges, des meubles précieux par leur ancienneté, apportés des divers châteaux royaux.

Les tapisseries sont généralement de Flandre et datent du seizième siècle. D'autres viennent des Gobelins, et plusieurs retracent diverses pages de la vie de Henri le grand.

Dans la salle des Gardes, dans cette enceinte où d'éloquentes paroles s'élevaient pour défendre les libertés de la Navarre, voici une table de chêne sculptée qui servit à François Ier.

Dans le grand salon du premier étage, on s'arrête devant la statue de Henri IV enfant, sculptée par Bosio.

J'entre dans le salon de famille, et je vois un clavecin fait à Anvers en 1590. Marie-Antoinette, la reine martyre, aimait à l'entendre résonner sous ses doigts au Petit-Trianon.

L'ancienne chambre des rois de Navarre est aujourd'hui celle de l'Empereur. On s'y arrête devant le coffre gothique orné de cuivres découpés à jour, qu'on prétend avoir été donné à saint Louis par le Vieux de la montagne ; on assurait qu'il venait de Jérusalem. Le fait est qu'il a été acquis à Marseille en 1838. J'aime mieux un petit coffret, datant du seizième siècle, qui est là, décoré du portrait de Henri IV.

Montons au second étage.

Voici la chambre de Jeanne d'Albret avec son lit soutenu par des piliers de chêne sculpté, d'une parfaite conservation.

C'est bien dans la pièce appelée *chambre de Henri IV*, dit la tradition, que le Béarnais vit le jour. Son berceau était une carapace de tortue.

Le lit de la belle Gabrielle d'Estrées fut apporté à Pau ; il venait du château de Richelieu.

Dans la cinquième pièce est un lit de tapisserie orné de figures exécutées pour Louis XIV par les demoiselles de Saint-Cyr, sous les yeux de Mme de Maintenon.

Les autres salles que je traversai, éveillèrent en moi une impression singulière ; c'est là que demeura Abd-el-Kader, le valeureux prisonnier de ce château.

Abd-el-Kader arrive à Paü en 1841, accompagné de quatre-vingt-sept personnes de sa suite, de la sultane Zora sa mère, de ses six femmes dont une était sa légitime épouse, de ses enfants naturels, de ses oncles, de ses frères, etc., etc.

Qu'elle est noble la figure de l'Emir, et quelle belle page lui garde l'histoire ! Fils de Sidi-Mehedin, Abd-el-Kader est envoyé très-jeune à la Mecque. Là, de merveilleuses prédictions lui sont faites et les Arabes lui décernent le titre d'émir. Plus tard, notre brave armée est témoin de son intrépide courage dans les champs de l'Algérie.

Abd-el-Kader est doué à la fois des qualités qui font les héros et les grands politiques. Il introduisit en Afrique des réformes importantes et réorganisa son armée. Après sa défaite il rendit son épée et capitula sous la condition expresse de garder sa liberté. Cependant, les portes du château de Pau se fermèrent sur ce héros que la fortune avait trahi.

Voilà le soir ! Le ciel est gris ; les étoiles sont voilées ; les grands chênes découpent leur masse noire sur l'horizon douteux ; la nature sommeille ; tout est mystère et silence !

Le noble château dresse dans le ciel ses tours géantes et là, seule, sous ces beaux arbres, je demande au vieux monument :

ES-TU PALAIS, ES-TU PRISON ?

Quelles sont donc ces tours superbes,
Ces vieux donjons majestueux
Qui dressent vers le ciel leurs fronts audacieux ?
De ses trèfles l'ogive y dessine les gerbes.
Que j'aimerais mieux voir l'herbe sur les vieux fûts,
Édifice de pierre où l'histoire commence,
Et chercher sous la ronce au milieu du silence,
D'un passé glorieux les souvenirs confus !

Mais je salue encore et tes vieux toits gothiques,
Et ton noble portail sous ses anciens atours,
Et le front dentelé de ces frises antiques
Qui décorent tes cours.

J'interroge en tremblant ta majesté muette :
Es-tu palais, prison, séjour mystérieux ?
D'un roi recèles-tu la pensée inquiète,
Ou bien d'un prisonnier les projets ténébreux ?

Ton ciel se couvre de nuages ;
Les échos de tes murs n'ont-ils donc plus de voix ?
Je n'entends plus que le cri des orages
Dans l'ombre effrayante des bois.

Oui, c'est là que languit, sous le frein qui l'enchaîne,
Abd-el-Kader l'émir, le lion des déserts ;
Oui, c'est bien là que dans ses jours de haine
    Un roi parjure a su river ses fers !

Pauvre émir ! c'est ici que s'acheva ton rêve ;
Ici, le cri de guerre en ton cœur avorta ;
Un jour, par la défaite, au sable de la grève,
    Frémissant, ton pied s'arrêta !

De ton coursier l'ardeur bouillonne en sa poitrine ;
    Déjà le sang a rougi sa narine,
      Et l'écume argenté son mors ;
Tu te livrais alors à sa fougue sauvage,
Tu t'élançais du bois jusque sur le rivage ;
La victoire en courant te suivait sur ses bords !

    De tes tribus les races vagabondes,
Comme les flots poussés par la foudre et les vents,
    Comme une mer aux bouillonnantes ondes,
Accouraient à ta voix sur les sables mouvants.
Là-bas, dans le désert, arène où tout s'efface,
    Tes ennemis ont plié devant toi,
Et de ton large pied ont retrouvé la trace :
    Emir, la guerre t'a fait roi !

Et que te fallait-il ? les éclairs et la foudre,
Ton sabre qui jamais n'avait manqué son coup,
Avec ton narghilé, des fusils, de la poudre,
Et la trace de feu qui te suivait partout.
Tu voulais ton coursier à l'épaisse crinière,
Et du champ des combats la sanglante poussière ;

Tu voulais rester libre en ton désert natal,
Et servant à la fois ton Dieu, puis ta patrie,
Des fils de Mahomet venger l'ignominie,
  Les affranchir d'un joug fatal !

  Ton yatagan n'est donc plus invincible ?
Et ton sabre rouillé s'endort dans le fourreau.
Le palais des guerriers n'est pour toi qu'un tombeau ;
Mais les coups du destin te trouvent impassible !

Non ! tu n'as pas fléchi sous la loi du vainqueur ;
Tu tombas sans murmure, et la lente agonie,
Où sont réduits, hélas ! ton cœur et ton génie,
De ton sang généreux n'a point éteint l'ardeur !

Et le jour où ta main a déposé les armes,
On a vu de tes yeux tomber deux grosses larmes ;
  Car tu perdais, dans ta course arrêté,
Le premier de tes biens : la sainte liberté !...

Ah ! que le temps à tes regards dévoile
Les secrets inconnus cachés dans l'avenir :
Regarde l'Orient, regarde, noble Emir ;
Là, pour toi dans le ciel brille encore une étoile !

Le vieux monde s'éveille, on l'a vu tressaillir ;
De son morne horizon des clartés vont jaillir
Pour couronner ton front d'une gloire nouvelle.
Oui, tu seras vengé, tu seras libre un jour :
Qui sait à quels combats, dans son immense amour,
  Le Maître des destins t'appelle ?...
  Espère, attends, âme fidèle !

De nos martyrs sacrés ton bras sera l'appui :
La foi de leurs aïeux dans leur sang va renaître ;
A l'antique Orient qui demande son maître
Dieu dit, en te montrant : « Votre maître, c'est lui !

CHAPITRE IX

Le château de Pau le soir. — Mots d'Abd-el-Kader. — Sa lettre à Schamyl. — Gélos. — Départ de Pau. — Le savant. — Doute sur le siècle. — Milady. — Arudy. — Louvie. — Laruns.

Là-bas, dans le mystérieux Orient, sur la terre des croisés, sur le sol formé de la poussière des martyrs, Abd-el-Kader est vengé de ce déni de justice ; il vivra dans l'histoire comme un des représentants des croyances religieuses et morales de l'humanité.

Et je croyais voir, à travers les fenêtres faiblement éclairées du château, la noble et impassible figure du héros prisonnier. Il me semblait apercevoir à sa suite les hommes des tribus arabes, qui coupent les têtes et les emportent pendues à l'arçon de leurs selles !

L'imagination se prête à tout !

La nuit est, dit-on, le livre impénétrable des amours et des poëtes.

Les rayons voilés de la lune grandissent tout ; ils sont à la nature ce que l'illusion est au sentiment.

Avec le jour, l'œil mesure le ciel ; à cette heure, tout reposait ; l'homme, la fleur et la brise. Cependant, dans ce silence, qu'il y avait de voix pour parler à l'âme. Je suis saluée par le chantre des nuits heureuses, comme dit Obermann. Je rentre, et le lendemain matin, je viens errer sous les sombres allées ; les yeux fixés sur le château, le prisonnier me revient à la mémoire.

Sous le gouvernement de février Abd-el-Kader demande sa délivrance sans l'obtenir. C'est alors qu'il montre une magnifique résignation, car il lui avait été permis d'espérer la liberté.

Pendant son séjour à Pau, le prisonnier se montrait d'abord volontiers à la foule impatiente de le contempler ; puis il finit par se rendre invisible à tous. Sa physionomie conserva sa douceur et sa dignité natives ; mais une noble mélancolie assombrissait sa résignation.

On voulait qu'il sortît pour se distraire de sa vie captive : « Un Arabe en deuil ne sort point, répondit-il, et je suis dans le plus profond deuil de ma vie, le deuil de ma liberté ! »

Il disait encore : « Je ne contemple le soleil que de ma fenêtre ; je ne me promène que des yeux ! »

La méditation et la poésie étaient ses uniques distractions. La nature l'avait fait poëte comme le sont toutes les grandes âmes.

Les lignes qui suivent sont de lui, mot pour mot :

« La mort avec tyrannie juge toutes les créatures.
« Sur cette terre tout s'évanouit, rien ne dure.
« La vie est un songe, la mort est le réveil.
« L'homme est une ombre et va rêvant au bord du cercueil. »

Il dit un jour à une dame qui lui vantait la beauté de Pau : « Je suis prisonnier ; vous auriez beau m'accabler sous des fleurs que leur parfum n'arriverait pas jusqu'à moi. »

C'est en 1852 que la liberté fut rendue à Abd-el-Kader qui subissait alors sa captivité dans le château d'Amboise.

Le prince Louis Napoléon, alors président de la République, lui adressa ces nobles paroles :

« Abd-el-Kader, je viens vous annoncer votre mise en liberté. Vous serez conduit à Brousse, dans les États du Sultan, dès que les préparatifs nécessaires seront faits;

et vous y recevrez du gouvernement français un traitement digne de votre ancien rang.

» Depuis longtemps, vous le savez, votre captivité me causait une peine véritable ; car elle me rappelait sans cesse que le gouvernement qui m'a précédé, n'avait pas tenu les engagements pris envers un ennemi malheureux, et rien, à mes yeux, de plus humiliant que de méconnaître sa force au point de manquer à sa promesse. La générosité est toujours la meilleure conseillère, et je suis convaincu que votre séjour en Turquie ne nuira pas à la tranquillité de nos possessions d'Afrique.

» Votre religion, comme la nôtre, apprend à se soumettre aux décrets de la Providence. Or, si la France est maîtresse de l'Algérie, c'est que Dieu l'a voulu, et la nation ne renoncera jamais à cette conquête.

» Vous avez été l'ennemi de la France ; mais je n'en rends pas moins justice à votre courage, à votre caractère, à votre résignation dans le malheur ; c'est pourquoi je tiens à honneur de faire cesser votre captivité, ayant pleine foi dans votre parole. »

Après avoir exprimé au prince sa respectueuse reconnaissance, l'Émir jura sur le livre sacré du Koran qu'il ne tenterait jamais de troubler notre domination en Algérie, et qu'il se soumettrait, sans arrière-pensée, aux volontés de la France.

Il renouvela plus tard cette déclaration au palais de Saint-Cloud : « Vous avez été bon et généreux pour moi, dit-il à Louis Napoléon ; je vous dois la liberté que d'autres m'avaient promise, que vous ne m'aviez pas promise et que cependant vous m'avez accordée. Je vous jure de ne jamais violer le serment que je vous ai fait.

» Je sais qu'on vous dit que je manquerai à mes promesses ; mais ne le croyez pas ; je suis lié par la reconnaissance et par ma parole ; soyez assuré que je n'oublierai pas ce que l'une et l'autre imposent à un descendant du prophète et à un homme de ma race. »

Non-seulement Abd-el-Kader n'a pas oublié son serment ; mais son noble dévouement pour sauver les chrétiens à Damas a rendu à tout jamais son nom populaire en France.

Je citerai, en terminant, une réponse des plus remarquables d'Abd-el-Kader à Schamyl, écrite en 1861.

« Gloire à Dieu et salut au prophète Mahomet et à tous les prophètes... Le pauvre devant le riche, Abd-el-Kader au frère en Dieu, au cher Schamyl, que Dieu nous protége !...

» Ce que nous avons fait pour les chrétiens, a été un devoir religieux et d'humanité.

« Nous venons de Dieu et retournons à Dieu ; nous vivons dans un temps où peu de fidèles font triompher chez eux la justice. Notre foi est la perfection des bonnes qualités ; elle renferme tout ce qui doit être loué, tout ce qui doit être fait ! »

Quelles figures diverses les siècles et les révolutions ont fait passer dans ce vieux château des rois de Navarre ? A côté du berceau du grand Henri, est venu s'asseoir le défenseur de l'Islamisme, et dans l'antique demeure des enfants du Christ ont reposé les fils de Mahomet!!

A Pau, malgré les siècles qui se sont écoulés, tout rappelle le meilleur de nos rois. C'est que les peuples ont de la mémoire ; ils aiment toujours ce qu'ils ont eu de bonnes raisons pour aimer.

Mais quel abandon dans la demeure féodale ! Où sont les princesses qui paraient ce lieu ? Où est le Béarnais, le Vert-Galant, le Diable-à-Quatre ? Où se trouve sa race aujourd'hui ?

La postérité restitue aux hommes leur vrai nom ; si elle donne la gloire à qui la mérite, elle fait aussi justice des fausses gloires, l'équitable !

La postérité se charge de faire le piédestal des grands hommes !

J'aime à m'oublier sous les ombrages du parc, à l'heure où le soleil, qui nous fait ses adieux, dore les collines.

Dès que la lune commence à monter dans le ciel, comme je cherche, au milieu de la nue, le diamant de la première étoile! Nuit remplie de fraîcheur et de rosée, de rêves et de souvenirs! Le Gave roule ses eaux à mes pieds, et dans cette tiède atmosphère, sous un ciel d'azur, je crois entendre le bingali chanter sur le mât d'une nacelle indienne. Quel songe!

Avant de m'éloigner de Pau, de ce théâtre de tant de combats, avouons que ces vieilles guerres des temps passés, lorsque la religion n'en était pas le mobile, sont bien les plus poétiques de toutes celles que la France a soutenues. La vie de ces siècles lointains est pleine de hasards et de dangers. Ces hommes d'armes, dont l'ignorance a fait des héros, n'étaient souvent que d'illustres bandits. C'était le bon temps pour les esprits d'aventure; si parfois ils se battaient contre les infidèles pour le salut de leur âme, ils risquaient fort de la perdre dans de douces rencontres; ils étaient tout à la guerre et tout à l'amour.

✢

J'écris ces lignes sur les coteaux de Gélos. Quel site, grand Dieu ! Comme mon cœur se dilate devant l'immense espace qui se déroule à mes yeux ! Comme je me sens libre sous ces grands frênes, sous ces chênes superbes ; comme j'y respire à pleine poitrine ! L'air, la terre et le ciel sont en fête. Des collines de Jurançon et de Gélos, le regard atteint les cimes des Pyrénées qui montent d'étage en étage et finissent par se perdre dans la nue. Ces monts se vêtissent de nuages qui se déploient sur leurs flancs.

Ici nous apparaît une végétation exubérante, splendide ! Partout des lauriers et des myrthes en fleur, des roses du carmin le plus vif qui ferait pâlir nos roses étiolées du nord. Les arbres exotiques croissent en pleine terre ; tout est charmant de caprice et de coquette irrégularité.

Comme j'écoute l'hymne de la fauvette, qui monte avec l'alouette dans les airs, et la cadence perlée du rossignol, et les mille voix d'oiseaux qui s'éveillent tour à tour. !

Le soir vient ; les insectes se taisent ; les oiseaux de nuit commencent à voltiger ; quelques bruits isolés m'arrivent de loin ; puis tout s'éteint dans un pâle crépuscule ! Quelle paix ! Quel silence ! Je m'assieds sur le bord du chemin et je sens mon cœur pénétré d'une tendre mélancolie !

Je ne fais qu'un vœu, celui de rester indéfiniment dans ces solitudes !

J'ai trouvé sur cette colline deux âmes ensevelies dans une oasis de lumière et d'ombre, et là, rêvant au pied de leur demeure, sous leurs arbres centenaires, je leur adressai ces vers que je leur laissai comme souvenir.

Je les vois donc enfin vos belles solitudes,
Où de simples plaisirs, où de nobles études
   Poétisent vos jours.
A votre destinée ah ! que je porte envie !
Gardez bien le secret d'une aussi douce vie,
   Gardez-le bien toujours !

Retraites de bonheur au fond des bois perdues,
Où deux âmes ensemble à jamais confondues,
   Lien mystérieux !
Ont voilé leurs plaisirs sous ce bois solitaire,
Les confiant au ciel, les cachant à la terre ;
   Que vous êtes heureux !

Que vos chênes sont beaux ! Qu'on est bien à leur ombre,
Et comme avec le soir, alors que tout est sombre,
   Les rêves sont riants !
Quand l'air est plein d'encens ; le pré, de hautes herbes ;
Quand de vos beaux maïs vous recueillez les gerbes
   Aux épis ondoyants !

Entendez-vous au loin le ramier solitaire
Au fond des bois chanter, soupirer et se taire,
   Et pleurer tour à tour ?
Entendez-vous ici la source qui murmure,
Le doux tressaillement de la jeune nature
   Y réveiller l'amour?

L'automne vous sourit ; la colline et la plaine
Se parent de bois verts qui se rouillent à peine,
   Et votre ciel est d'or.
De vos oiseaux la voix me semble encor plus douce;
Ils sont plus amoureux au fond des nids de mousse,
   Et chantent mieux encor !

Accourez dans ces lieux, ô vous dont les pensées
Sont pleines de regrets, pauvres âmes blessées
   Que tout vient accabler !
Quand la brise du soir va balançant la rose,
Qu'elle dit en passant un mot à chaque chose,
   Laissez-vous consoler !

Heureux, cent fois heureux ceux qui, de bonne heure, unissent leurs destinées et les confondent jusqu'au tombeau !

En voyage, rien de si rare que de rencontrer un visage ami ; tous ignorent votre nom, votre passé ; on ne coudoie que des inconnus ; mais, dans cet isolement quel bien-être ; point d'affaires, point de soucis, indépendance pleine et entière !....

Je quitte Pau ; je dis adieu à ses vertes allées, colonnades de chênes superbes sous lesquelles j'ai tant rêvé ! Je dis adieu au Gave, à ses pierres couvertes de mousse, à ses ponts ruinés, à ses eaux murmurantes; je dis adieu au jonc de la rive qui chante sous le vent dont le souffle le plie et le relève !

Vous reverrai-je, collines de Jurançon et de Gélos, toutes semées de villas ? Vous reverrai-je, rochers sourcilleux, triple chaîne des Pyrénées couronnées de neige ? Te reverrai-je, antique château, si riche de souvenirs !

Oui, je vous reverrai ; car je sens que je vous laisse quelque chose de moi-même !

Je partais ; une jeune enfant fort jolie, la fille de la maîtresse du logis, m'offre un bouquet de fleurs choisies. Ce bouquet mêle sa senteur aux parfums de l'air ; les fleurs, dans le midi, ont un arome pénétrant que ne donnent pas aux nôtres les rayons affaiblis de notre pâle soleil !

Ici les fleurs croissent jusque dans les fissures de la pierre ; je m'étonne que les jeunes filles des Pyrénées ne les mêlent pas à leurs cheveux.

En Italie les femmes se coiffent avec la fleur des champs ; le villageois attache un bouquet à son chapeau et la rose nouvelle à l'image de la madone.

J'avais rencontré à Biarritz, et je retrouvai herborisant sur les collines de Gélos, un pauvre savant qui voulait m'initier à ses découvertes. Le Psalmiste a dit : « Dieu a jeté le monde devant les savants comme une pâture et il le livre à leurs disputes. »

Montesquieu a écrit de son côté : « Que ne plaît-il un jour à la nature de nous ouvrir son sein ? Oh Dieu ! quel mécompte nous trouverions en notre pauvre science ! »

Je ne sais par quel enchaînement d'idées je me pose cette question : N'y aurait-il pas, dans ce siècle présent, un temps d'arrêt, une éclipse de génie ? Il y a peut-être des stations marquées au cadran éternel pour faire éclore les phénomènes de la végétation intellectuelle ; sans doute la terre se repose, et il y a lacune dans l'enfantement des grandes supériorités.

Je ne me suis pas plutôt rendue coupable d'une telle pensée que je vois se dresser devant moi les noms de Schiller, Klosptock, Gœthe, Walter Scott, Shéridan, Byron, Châteaubriand, Victor Hugo, Lamartine !....

Ne calomnions pas un siècle qui, sans compter ces grands poëtes, ces grands penseurs, a vu les merveilleuses applications de la vapeur dont la marche égale celle de la pensée ; les chemins de fer qui feront de tous les peuples de la terre une seule et même nation et les télégraphes électriques qui traversent l'espace plus vite que l'éclair ! Accuser ce siècle serait un déni de justice ou un péché d'ignorance !

Je pars ; la nature semblait s'épanouir aux premières caresses du jour ! Quelle ravissante route je suis en m'éloignant de Pau ! Quel jardin anglais tracé entre de belles montagnes ! Voici des collines parées de châteaux, de villas et de riches cultures. La vigne grimpe en treille ou serpente en guirlande ; elle festonne de son feuillage les platanes et les aulnes ; elle étend partout ses bras de pampres verts.

Le Neez bouillonne à ma gauche et nous suit pendant tout le jour.

A Gan, patrie du jurisconsulte Cujas et de Marac, historien du Béarn, coule une fontaine d'eau minérale assez renommée. La route continue à cotoyer le Neez. L'eau de ce torrent est azurée ; parfois elle s'élance avec bruit, parfois elle dort sans bouillonnement et sans murmure. C'est un miroir reflétant le feuillage des arbres qui se penchent sur ses bords. Il n'existe pas de site plus gracieux et plus souriant que celui-là.

Il faut mettre pied à terre et voir la source du Neez, que couvre une pierre d'un assez mince volume.

Au moment où je me dispose à visiter la grotte nouvellement découverte près de la source, j'aperçois à terre un gros, un très-gros bloc renversé. Qu'est-ce donc ? Une fille d'Albion, une noble milady, sans doute, affaissée sur elle-même et s'aidant de ses pieds, de ses mains, pour sortir d'un monceau de terre argileuse qui, grâce à sa chute, reproduit son effigie. Sa compagne, peu alarmée, la laissait là pour suivre la torche qui la conduisait au fond de la grotte. Cette fois, comme en Crimée, comme en Chine, la France vint en aide à l'Angleterre. Je m'approche cordialement de Milady et j'essaie, mais en vain, de relever le colosse gisant à terre ; enfin, deux indigènes répondent à mon appel, et après maints efforts, l'Anglaise est remise sur ses pieds et bientôt elle regagne majestueusement, mais en boitant tout bas, son véhicule qui l'attendait sur la route.

J'espère que mon procédé généreux l'aura raccommodée avec la France, si, par hasard, elle partageait les préjugés d'un grand nombre de ses compatriotes à l'endroit de notre nation.

Je traverse Rebessac et Sévignac. De tous côtés s'étagent des collines boisées et des monts arides sur les cimes desquels se balancent des flocons de nuages.

Devant nous cheminent des chars traînés par des bœufs, à la robe jaune, aux cornes longues et rabattues, véritables patriarches de la terre de Béarn, vêtus de morceaux de toile blanche qui pendent jusqu'à terre, couronnés de pampres et de bruyères ; on dirait qu'ils datent des rois mérovingiens.

Les chèvres noires grimpent hardiment aux rochers. Entendez-vous le son argentin de la clochette, qui retentit au loin ? C'est une note indéfinissable qui se mêle au chuchotement de la brise dans les feuilles, au murmure du torrent, au chant naïf de toute la nature. Partout où l'homme rencontre un peu de terre, il y creuse un sillon et y jette une semence. C'est une lutte incessante dans laquelle le roc est vaincu.

Arrêtons-nous sur les hauteurs du bassin d'Arudy ; quel panorama ! Ici le Gave court vers Oloron en traversant la vallée d'Ossau. Quel pays fertile et riant ! Les monts sont couverts de graminées et de jolies bruyères, ou sillonnés de ravins jaunâtres, éclairés par un soleil orangé.

A Arudy, visitons la chapelle dédiée à saint Michel. Le 29 septembre de chaque année, les pâtres de la vallée y accourent en pèlerinage. Un bel agneau blanc est offert au saint en reconnaissance de son intervention à laquelle leurs ancêtres ont dû leur prompte délivrance de la peste. Certes, voilà une action de grâce de longue date. Pour ma part, j'ai connu des reconnaissances qui duraient bien vingt-quatre heures; on assure qu'on en a vu de moins durables encore; tant il est vrai qu'il y a chez le bienfaiteur quelque chose qui blesse l'obligé !...

Qu'elle est belle cette vallée d'Ossau, cernée d'un triple rang de montagnes ! Nous traversons le Gave et nous voici à Louvie-Juzon où nous devons nous arrêter.

La petite église de Louvie se ressent du voisinage des frontières ; ses murs reluisent sous l'or et le clinquant espagnol, et pourtant elle m'a plû.

Ici, la végétation essaie de gravir les premières assises des Pyrénées ; mais elle s'arrête à leur rez-de-chaussée.

Quel air suave et pur ! quelles senteurs balsamiques de foin en fleur ! C'est pour nous une nouvelle vie en pleine nature !

Il faut bien descendre aux trivialités de l'existence, et en voyage la question *du modus vivendi* revient souvent. Nous prenons le repas du matin, et faisons connaissance avec les truites du Gave et les cailles des montagnes; notre premier festin se compose de ces deux éléments qui en feront les frais pendant tout le voyage; ne nous en plaignons pas.

Un bon gros chien des Pyrénées assiste au repas ; sa

physionomie est intelligente ; ses yeux ont quelque chose de sauvage, mais que tempère une expression caressante. César s'accroupit devant moi, le nez au vent ; on dirait qu'il me demande ce que je viens faire dans ses montagnes. Charlet n'a peut-être pas tout à fait tort lorsqu'il dit : « Ce qu'il y a de meilleur chez l'homme, c'est le chien. » La vue de César me rappela ces bons chiens du grand Saint-Bernard qui, au moment même où je mettais le pied sur le seuil du couvent, appuyaient leurs larges pattes sur mes épaules et me saluaient de leurs aboiements.

Plus loin, le village de Castels groupe ses maisons au pied du mont qui les abrite, et partout des clochers marquent la place des hameaux.

Nous rencontrons les ruines d'un vieux château nommé *Castel Gélos*, et un peu plus loin le bourg de Bilhères, appendu aux flancs de la montagne. C'est, dit-on, le plus riche de la contrée ; on prétend que ses habitants durent primitivement leur fortune à une contrebande habile et fort active.

Partout des troupeaux se détachent comme de petits points blancs sur les montagnes qui se revêtent à leur base de terre végétale, d'herbes et de fleurs. Quelques villages sont bâtis sur leurs pentes, tandis que d'autres reposent dans les larges plis des vallées. La Cure, son jardin et le cimetière sont habituellement cachés derrière l'église et ensevelis dans son ombre.

Entrons à Laruns, chef-lieu du canton. C'est aujourd'hui dimanche, le plus beau jour de la semaine pour les travailleurs.

La jeune population, abritée sous un hangar couvert, danse autour d'une colonne. Deux tonneaux, surmontés de deux planches, portent deux chaises sur lesquelles se placent deux ménétriers : l'un armé de son aigre flageolet, l'autre de son assourdissant tambourin. L'ensemble de cet orchestre se termine invariablement par une note acide et fausse. Voilà les *Strauss* du lieu !... Garçons et filles sautent en rond en formant une chaîne, et s'agitent à perdre haleine ; ils bondissent comme de vrais sauvages. Rien de plus primitif que cette danse ; elle date, je le suppose, de la tour de Babel.

Les filles sont en général coiffées d'un capulet écarlate; dans la montagne, le rouge est la couleur de prédilection.

Je maintiens qu'en observant de près chez les peuples divers la physionomie de leurs danses, on se ferait une idée juste de leurs caractères. L'Espagne et l'Italie ne se peignent-elles point dans la tarentelle et le fandango ; la France, noble et maniérée, dans son grave menuet; la Pologne et la Russie, dans leurs masurkas échevelées?

Je ne sais plus qui disait : « Que de choses dans un menuet ! » La danse, chez le montagnard, est lourde et rustique ; elle est conforme, du reste, à ses habitudes laborieuses et grossières.

Je m'arrête un moment, et en considérant cette population abrupte, je me rappelle, pour mon malheur, Naples avec ses riches enfants du soleil ; Naples avec ses improvisateurs, poëtes ambulants ; avec ses pêcheurs livrant à l'air du soir leurs vives barcarolles pendant que la voile s'enfle sous les brises ailées; Naples avec ses brunes filles, dansant la tarentelle sous la treille aux riches grappes, aux pampres verts qui s'étagent sur les bords de l'Adriatique!

Quoi qu'il en soit, ces montagnards sont gais ; ils dansent ; ils chantent ; leurs yeux brillent, et j'ai surpris le sourire sur leurs lèvres ! Ces gens sont gais et de quoi ? Peut-être sont-ils riches et heureux de ce qui leur manque ?

Ne sont-ils pas rois sur leurs rochers ? Ne bénissent-ils pas le peu de terre qui les nourrit et qu'ils arrosent de leur sueur ? Leurs pauvres richesses suffisent à leurs désirs ; chez eux, tout est simple, tout est durable; chez eux, le temps seul abat et renouvelle les bois que la hache a respectés ; ici l'homme naît et veut mourir dans son pays natal, sous le toit paternel, sous le chêne qui a prêté son ombre à une longue suite de générations !

Pauvres montagnards ! la vie vaut-elle bien pour vous ce qu'elle vous coûte ; cette vie qui s'écoule entre le travail, les souffrances et la mort ? Qui sait, cependant, si en mettant en regard les labeurs du pauvre et les misères du riche, on n'hésiterait pas à dire de quel côté sont les heureux ?

Dans ces contrées, de toutes les bêtes de somme, savez-vous quelles sont celles que l'homme emploie le plus utilement ? ce sont les femmes. Elles se livrent aux travaux des champs, aux semailles, à la récolte, à la fenaison.

Tandis que les hommes font avec leurs troupeaux, l'ascension des monts et atteignent les cimes inaccessibles, les femmes, s'exposent aux ardeurs du soleil, hâlées, noires à faire peur. Et pourtant, j'ai parfois trouvé harmonieuse la ligne de leur profil. Dans une autre condition, elles eussent pu être belles !

Quoi ! me disais-je, ce sont là des femmes ? Tout ce que Dieu, dans sa mansuétude, a fait de plus gracieux, la femme, ce chef-d'œuvre de la création ; la femme, vrai symbole de la suprême beauté ! Comment donc a-t-elle pu être dégradée au point d'inspirer une sorte de répulsion au lieu d'amour.

Quelle méprise de la nature, ou plutôt quel crime des hommes !

CHAPITRE X

Laruns. — Eaux-Bonnes. — L'Impératrice Eugénie. — Cascade Valentin. — Promenade horizontale. — Les hêtres. — Souvenirs de Pau. — Eaux-Chaudes. — Gabas. — Bétharam. — Orage.

Après Laruns, on commence l'ascension qui conduit aux Eaux-Bonnes. Nous traversons sur un pont de marbre le gave de Gabas qui vient des Eaux-Chaudes.

Je vois s'élever quelques ruines vêtues de leurs lierres chevelus et de génévriers aux perles noires.

Au commencement du siècle, on suivait, pour arriver aux Eaux-Bonnes, une route impraticable ; la rampe qui existe aujourd'hui, fut ouverte en 1808. L'ascension est longue et pénible. Près des Eaux-Bonnes se trouve le village d'Aas, qui jadis leur appartenait.

Arrivée au point culminant de la montagne, j'ai quelque honte pour le ciel du midi qui devrait être d'un bleu inaltérable et qui se fond en eau. Savez-vous, lecteurs, ce qui m'a singulièrement touchée dans ce site abrupte et solitaire ? C'est de trouver deux petits enfants dormant dans la mousse, tandis que leur chèvre libre grimpait au rocher. L'ignorance du mal préserve l'enfance de toute crainte.

Nous voyons à peine cette belle vallée d'Ossau semée de hameaux et de prés verts, et nous devinons, sans les distinguer, les lointains du Béarn.

Ces monts sont coupés de petits champs verts dans lesquels s'élèvent des casines où l'on serre, pendant l'hiver, les fourrages qu'on a récoltés. Hommes et troupeaux sont suspendus au-dessus des abîmes. Comment donc bêtes et gens peuvent-ils atteindre à de pareils escarpements ?

Sur la route, nous cheminons au milieu des troupeaux de petits ânes noirs, pesamment chargés, et de villageoises, jeunes ou vieilles, qui marchent pieds nus en filant leurs quenouilles.

La culture des Pyrénées s'est faite industrieuse, comme le sont toutes les contrées peu favorisées. On tilise les coins de terre les plus rebelles, et le rocher devient productif. Eh bien ! ainsi que je l'ai dit, ces hommes aiment mieux leurs rocs arides que l'homme des plaines n'aime ses champs féconds. Comme le pin qui naît, vit et meurt dans les fissures de la pierre, l'homme s'y implante ; il y jette de profondes racines ; rien ne peut l'en arracher que la mort !

Naître, travailler, souffrir et achever, une fois pour toutes, de mourir, c'est là toute leur destinée !

☙❦❧

Nous voici aux Eaux-Bonnes. Qu'y vais-je trouver ? Grottes, rochers, torrents, forêts, sans doute ? Loin de là, je me crois dans une rue de Paris, égarée en pleines Pyrénées !!

Partout de grands et fastueux hôtels. Je voyage pour voir les monts, l'azur du ciel ou les champs et leurs rustiques demeures ; je voyage pour fuir Paris et son agitation fébrile, et son bruit prosaïque ; et je rencontre ce que je fuis au sommet des montagnes. Ma déception est complète. Une rue fort belle, des maisons neuves et alignées ; quel contraste avec les monts vêtus de pins et de bruyères ? Et l'on n'élargira point l'emplacement des Eaux-Bonnes car il a été volé au rocher.

Où commence la vie des eaux, la nature semble abdiquer ses droits. Quelle opposition entre cette nature abrupte, mais grandiose, et les habitudes de la *fashion!* Ici des beautés aux toilettes folles, de jeunes hommes qui apportent au désert leur futile élégance. Oh! qu'il vaut mieux entendre le souffle libre du vent que les vieilles erreurs stéréotypées, que les jugements traditionnels et erronés d'un monde qui s'emprisonne dans l'ornière du convenu. Il y a des lieux qui me plaisent justement par tout ce qui leur manque. Le dénuement a sa poésie.

J'étouffais aux Eaux-Bonnes; il n'y avait pas assez d'air dans le ciel ni assez d'espace entre les rochers pour le besoin d'aspiration libre qui vit en moi. Je ne m'habituerais pas à me passer d'horizon; ce qui fait que j'aime mieux la mer que les montagnes. Ici je respire à peine, emprisonnée que je suis entre ces rochers qui, de tous côtés, bornent ma vue. C'est peut-être une sensation bizarre; mais elle existe chez moi dans toute son intensité. L'air me manque; je me sens prisonnière, comme je le serais dans une chambre dont on clorait les portes avec des verroux. Que ferais-je alors ? Je les briserais.

L'impératrice Eugénie a passé plusieurs saisons aux Eaux-Bonnes. C'est descendre bien bas de l'empyrée des grandeurs aux soins vulgaires de sa santé. Mais ne faut il pas tenir à la triste humanité par quelque misère ? Quel rêve que celui de notre souveraine ! La jeune fille si riche de grâce, de beauté, qu'on ne voyait qu'à travers un éblouissement, aurait-elle pu prévoir sa destinée ? Mettre une couronne impériale sur un front fait pour porter une couronne de fleurs, quelle faveur du sort ! Et aujourd'hui, peut-on dire qu'il ait trop fait pour elle ?

✲

On assure que les Eaux-Bonnes étaient déjà connues comme fort salutaires au quatorzième siècle. Gaston Phébus, avec lequel nous avons fait connaissance comme l'un des fondateurs du château de Pau, les visitait avec confiance lorsqu'il revenait de ses excursions hasardeuses.

Henri II, roi de Navarre, blessé à Pavie en combattant aux côtés de François Ier, vint s'y rétablir. Ces eaux s'appelaient alors Eaux d'arquebusades, en vertu de leur action curative sur les blessures.

Montaigne y passa quelque temps et De Thou mentionne aussi le séjour qu'il y fit.

Je sors ; de blanches et fines vapeurs voilent l'azur du ciel. De menaçantes nuées se forment à la cîme des rochers; le vent soulève la poussière et siffle dans la chevelure des sapins.

Me voici en face d'un ruisseau, la *Cascade de Valentin*, qui, derrière les Eaux-Bonnes, tombe de chute en chute. Je vois à travers mon humeur cette cascade qui, par le fait, est fort belle, et dont l'eau, tantôt dort sous les rochers, tantôt bondit échevelée et se perd en des flots d'écume, tandis que le Gave étranglé crie contre le roc qui entrave sa marche. Le souvenir des cascades alpestres, écumantes et formidables, rapetisse celle que j'ai devant les yeux ; mais le torrent m'envoie son bruit harmonieux et plaintif qui me plaît ; j'aime la voix de l'eau !

La promenade horizontale, taillée dans la montagne de Gourzy au milieu des escarpements les plus rapides, est ombragée par de vieux hêtres rabougris et contorsionnés, qui semblent dater des premiers jours de la création. Échelonnés sur le versant des monts, ces colosses, hauts de quelques pieds, ont des rameaux énormes, tordus et bizarrement repliés. Leurs corps s'inclinent jusqu'à terre tandis que leurs racines tortueuses sortant du sol, se croisent et s'entrelacent comme des serpents.

L'ombre s'étend ; l'étoile brille, cette première étoile que consultent les rêveurs et les amoureux. Quelle nuit, mon Dieu ! Une nuit de juin, ce mois des roses ! Quelques bruits lointains expirant dans la vallée viennent jusqu'à moi ; les hirondelles volent haut et traversent les airs avec un cri aigu ; la lune scintille entre les vieux hêtres ; à la lueur de ses pâles rayons se dressent, dans la pénombre, des pins aux troncs pâles qu'on prendrait pour une rangée de fantômes, apparition fantastique du ciel scandinave, chanté par Ossian !

Là, je rencontre un pauvre vieillard aveugle conduit par un jeune enfant ; Dieu a-t-il pu créer, rien que pour ces quelques jours qu'on appelle la vie, des créatures si malheureuses ? Non, non, il est écrit que le Paradis sera l'héritage « *de ces grands seigneurs du Ciel,* » comme saint Vincent-de-Paul les appelait.

L'*entre-chien-et-loup* est l'heure où les souvenirs reviennent en foule, et quelle est l'âme au fond de laquelle il n'y a pas le limon des souffrances et des regrets ?

Les nébuleuses flottaient dans l'éther ; elles m'envoyaient leurs regards discrets ! Ces nébuleuses, quelles sont-elles, et qu'y a-t-il encore au delà ?

Je m'assieds sous les vieux hêtres ; leurs branches tourmentées se croisent sur ma tête comme de grands bras décharnés. J'entends les derniers appels des oiseaux qui vont s'assoupir ; les brises s'endorment et se taisent, et me voilà prise de ce que je nomme le *mal du soir*, à l'heure où le soleil nous quitte et nous fait ses adieux !

Avec l'aube, l'ange du matin me sourit ; avec le soir vient à moi l'ange des rêveries, l'ange couronné d'étoiles ; je l'écoute en vain ; il ne dissipe pas cette tristesse profonde dont les ténèbres assombrissent tout mon être !

Je rentre..... La nuit est longue ; que faire de ces heures de silence qui s'écoulent pendant l'insomnie, quand le jour ne paraît pas encore ? Quels tristes entretiens de l'âme avec elle-même ! C'est alors que les souvenirs dont le cœur est plein et les mille pensées qui dorment à demi s'agitent et se lèvent ! Mais aussi quelle vague sensation de bien-être vous arrive avec le premier rayon !

✤

Le lendemain, je reviens m'asseoir sous les hêtres noueux. La nature est voilée sous une brume tiède et pleine d'harmonie. Partout des broussailles odorantes comme des bouquets et frissonnantes comme des nids. Les scarabées courent au hasard ; les lézards se battent comme des hommes. A cette heure matinale, je me sens presque heureuse. Mes pensées ont trop d'inégalité ; la nature les a faites trop disparates pour que jamais je parvienne à établir l'équilibre entre elles ; pêle-mêle étrange, douloureux, qu'il me faut subir ; rudes combats que ces revirements d'idées qui, de brillantes qu'elles étaient, se font tristes et désolées ! Byron disait en parlant de son journal : « Dieu sait combien il doit renfermer de contradictions. Si je suis sincère avec moi-même (car je crains qu'on ne se mente à soi-même autant qu'aux autres), chaque page doit contredire, réfuter, renier la page qui précède et celle qui la suit ». Ce que le grand poëte disait de lui, je puis le dire de moi, à toute la distance de son génie..

Mes yeux se portent sur la vallée qui s'ouvre et qui se déroule entre les monts. Je vois quelques hameaux dont les maisons sont collées aux montagnes comme des nids d'hirondelles. Les clochers apparaissent de toutes parts. Ces pauvres montagnards, nés sous les murs de leurs églises, bercés au son des cloches, sont religieux de la naissance à la mort. Autour de la sainte maison, le cimetière, la terre d'où nous sortons, la terre où nous nous coucherons ; cette terre qui nous nourrit pendant la vie et qui nous recevra après la mort ;... aimons-la !

Ici, Pau que j'ai quittée la veille, me revient à la mémoire. J'aime cette vieille cité penchée sur le Gave ! J'aime cette oasis où j'ai pensé, où j'ai surtout rêvé ! J'aime le Béarnais et son ancien château qui porte la devise : « Touche si tu l'oses ! »

Je regrette Jurançon et Gélos, si aimées du soleil ; je

regrette les songes dorés qui, sous leurs ombrages, volaient vers moi comme de beaux oiseaux voyageurs !

La vie est un perpétuel adieu à tout ce qui nous est cher ; chaque jour, le cœur y pleure une affection perdue. Ne dit-on pas successivement adieu à la jeunesse, à la beauté, à l'amour, au bonheur, jusqu'à l'heure où l'on dit adieu à la vie elle-même ?

A cet instant, une hirondelle, fille de l'air et de la lumière, m'effleure de son aile, et je lui dis : « Tu jouis de nos printemps, de nos étés, tu fuis nos hivers, heureuse hirondelle ! » Partons comme elle !

※

A moi, lecteurs ! Quel trajet nous allons faire ensemble, entre deux immenses coulisses de rocs arides et dénudés. Montesquieu disait : « Il n'est pas de chagrin dont une heure de lecture ne m'ait consolé. » J'ajouterai : Il n'est point de tristesse dont une heure de voyage ne m'ait distraite.

Au nord de la vallée d'Ossau le rocher se fend, s'ouvre en deux et c'est là qu'on a percé le chemin qui mène aux Eaux-Chaudes. La route surplombe le Gave, qui tournoie et se déchaîne à cinq cents pieds plus bas.

D'immenses blocs amoncelés, des rochers monstrueux, renversés pêle-mêle dans le lit du torrent, entravent sa marche précipitée et folle. Et nous nous étonnons de survivre aux écroulements du temps, nous autres fragiles créatures.

Le Gave crie, roule et se tord au fond de ces ravins; il bondit dans l'abîme, il saute de gradins en gradins. Ses jets se croisent et se perdent en bouillonnements d'écume; s'élançant de quelques cents pieds de haut, ils éclaboussent l'air de leur poussière d'argent.

C'est sans doute le torrent fougueux qui, aidé par les siècles, s'est lui-même creusé cet étonnant passage.

Marchons, avançons à travers tous les ravissements de l'intelligence, de l'âme et des yeux !..

Les rochers se boisent, et le feuillage baigné de pluie reluit au soleil. Dans ce trajet, il semble que la vie active, orageuse, n'est que dans le torrent à la course convulsive; il marche, il s'élance, il se plonge au fond du ravin, tandis que de minces filets d'argent descendent le long des rochers, sur le granit rougeâtre et les lianes pendantes.

Ces ondes emprisonnées prennent diverses physionomies. Dorment-elles sous le rocher ? c'est un bloc d'émeraude. Se soulèvent-elles en bondissant ? ce sont des flots d'écume qui s'irisent des mille couleurs de l'arc-en-ciel.

Non, rien n'est plus formidable que cette profonde rainure, que ces cônes gigantesques, que ces aiguilles de granit qui s'élancent tout d'un jet. Ici, on va de surprise en terreur, de contemplation en admiration, et la pensée s'élève jusqu'à Dieu !

Voyez l'ancienne route périlleuse qui s'attache aux parois du rocher. On voudrait s'agenouiller sur les marches d'une petite chapelle consacrée à la Vierge. C'est là qu'on lisait jadis une inscription latine que Bordeu a traduite ainsi qu'il suit :

« Arrête-toi, passant, admire ce que tu ne vois pas, et regarde les choses que tu dois admirer. Nous ne sommes que des rochers et cependant nous parlons ; la nature nous a donné l'être, et la princesse Catherine nous a fait parler. Nous l'avons vue, lisant ce que tu lis ; nous avons ouï ce qu'elle disait, nous l'avons soutenue. Ne sommes-nous pas heureux, passant, de l'avoir vue, quoique nous n'ayons pas d'yeux ? Heureux toi-même de ne pas l'avoir aperçue ! Nous étions morts et nous avons été animés. Toi, voyageur, tu serais devenu pierre. Les muses ont élevé ce monument à Catherine, princesse de France et de Navarre, qui passait ici, l'an 1591. »

Jamais, comme on le voit, les rochers ne s'étaient montrés mieux façonnés au langage des courtisans.

⁂

La route dont nous venons de parler semble menacer celui qui l'affronte ; elle fait honneur au génie humain car il a fallu la jalonner. L'ingénieur n'a pu réaliser son travail qu'en se faisant passer une corde au milieu du corps. Il a pris son niveau, suspendu au-dessus de l'abîme béant, et si la corde eût manqué, c'était pour lui la mort !...

Ah ! nous sommes des faiseurs de grandes choses !

⁂

Plus nous avançons, plus les rochers dénudés s'escarpent affreusement ; nous suivons une corniche taillée sur le gouffre ; le chemin se plie et se replie sur des abîmes. Quelle gorge formidable ! Insensiblement nous ne voyons plus qu'un pan de ciel bleu entre deux roches noires, hérissées, ruisselantes ; et ce ciel luit comme une espérance ! En bas c'est la nuit, le froid, la mort ! Quelques taches d'un vert sombre tigrent le rocher. Ce sont des bouquets de pins sveltes et altiers que le vent secoue. Le jour baisse; le ciel n'est plus qu'une écharpe d'azur, semée de scintillantes paillettes, qui flotte sur nos têtes.

Cet étroit défilé me rappelle la *Via Mala*, labyrinthe effrayant! On est surpris, épouvanté au fond de ces rochers audacieux. Des tiges de bois sec pendent sur leurs parois; les arbres bruissent et chuchotent sous le vent; de petites bruyères et quelques genêts vêtissent la nudité de la pierre.

Quelle tristesse dans ces inextricables solitudes! Pas un homme, pas un chalet; mais, parfois, une végétation robuste, imposante; des pins fiers et touffus au milieu des arbres déjà dépouillés. Les corneilles restent perchées sur leurs rameaux nus pendant que l'épervier traîne son vol bruyant et lourd dans les airs et que l'aigle prend son essor dans la nue!

C'est entre ces deux murailles de granit que s'abrite le village des Eaux-Chaudes.

Si les vallées pyrénéennes ont pris une face nouvelle, si sur certains monts les antiques sapinières ont été abattues et si les cultures ont envahi les cîmes les plus fertiles, aux Eaux-Chaudes rien n'a changé.

La pensée est prisonnière dans ce cachot de pierre; il

me semble que ma vie va s'arrêter là. Mais dans ce nid agreste et sauvage, je ne sais pourquoi on aimerait à se blottir. Qui pourrait vous troubler dans cette solitude? Comme il serait facile d'y oublier le reste du monde! Cette retraite deviendrait un univers où l'on vivrait inconnu, sinon heureux!

Sur le mont d'*Enfer*, la vue se ferme de tous côtés.

Dans l'établissement thermal s'ouvre un bazar. Les baignoires sont encaissées profondément dans le roc, plus bas que le sol; elles ont la forme d'un cercueil et on y descend comme dans une tombe.

La voûte élancée de la grotte des Eaux-Chaudes rappelle les immenses cathédrales gothiques, j'y ai admiré des stalactites qui ressemblent aux pendentifs de l'architecture de la Renaissance.

Après avoir traversé le pont d'*Enfer*, on se dirige vers Gabas, à travers de splendides forêts de pins. Ces arbres, au port élégant et svelte, se tiennent droit au bord des abîmes sans fond.

Ces monts ont un caractère âpre et sinistre, et toujours un horizon resserré que l'on touche pour ainsi dire de l'œil et du doigt. Qu'elle est lugubre cette ombre noire des sapins! Un torrent fougueux et encaissé crie dans ces déserts. Là, tout est tristesse, effroi, mélancolie profonde !

Après une dure ascension nous atteignons Gabas, chétif, très-chétif hameau. Il y avait, ici, jadis un couvent de frères hospitaliers ; ils étaient pour les Pyrénées ce que sont les religieux du grand Saint-Bernard pour les Alpes. Fondé en 1052, ce couvent n'est plus aujourd'hui qu'une ruine.

Là, s'élève le pic du midi d'Ossau, aux roches noires ; une pluie torrentielle ne nous a pas permis d'en faire l'ascension, et, en conteur véridique, je ne parle que de ce que j'ai vu.

Respirons ! nous voici à *Lestelle*.

Notre première visite est pour la vierge de *Betharam*. Avant d'entrer dans la chapelle, on affronte les sollicitations des marchandes de scapulaires, de médailles, de chapelets et d'images.

Construit dans le style du dix-huitième siècle, cet édifice est d'une lourde architecture. Sur la façade on voit une statue de la Vierge qui n'est pas sans mérite, et autour d'elle les quatre Evangélistes.

La chapelle est sombre. Détruite pendant les troubles religieux de 1569, saccagée en 1793, elle fut, depuis, reconstruite telle que nous la voyons aujourd'hui.

Dans cette contrée où les gens ont gardé leurs mœurs depuis des siècles, c'est-à-dire leur bonheur, la vierge de Betharam est fort vénérée. Je ne mentionnerai qu'un seul de ses miracles.

Une jeune fille allait se perdre dans les eaux du Gave. Dans sa détresse, elle invoque la vierge qui, aussitôt, lui apparaît en lui tendant une branche d'arbre qu'elle saisit et qui l'aide à regagner la rive.

Je m'arrête.... les redites sont aussi fatigantes pour celui qui les commet que pour celui qui les subit.

Je n'ai point retrouvé aux pieds de cette vierge miraculeuse l'émotion qui m'avait ravie sous les murs de *Santa Maria* à Saint-Sébastien. J'avais compris, cette fois surtout, que le ciel s'ouvre pour les croyants et que leur cœur peut se donner tout entier à Dieu. Ceux qui se confient à lui, sans réserve, vivent sous le charme d'une béatitude céleste!

Un vieux moine est prosterné sur les marches de l'autel ; cette figure, sous le suaire brun qui l'enveloppe, est pour moi le type de l'ascétisme. Il semble que l'âme seule vit dans ce corps épuisé ; chez lui, l'être humain s'est anéanti, c'est une ombre. Peut-être a-t-il beaucoup souffert ; mais il aime ce Dieu qui a le pouvoir de sécher nos larmes !

Plus loin, deux jeunes prêtres prient agenouillés ; le rayon de la foi illuminait leurs fronts. Ils me paraissaient perdus dans l'extase et noyés dans une langueur divine. Heureux les vrais croyants! Pour eux, la vie n'est qu'une courte traversée dont le ciel est le port!

Au calvaire de Bétharam, les douze Stations sculptées en pierre par un élève de Pradier ne ressemblent en rien aux affreuses figures dont se composent trop souvent les chemins de la croix.

※

Ma nuit est troublée par un de ces beaux orages que je n'entends jamais sans être fortement émue. Dans les intervalles où le tonnerre se tait j'entends le bruit métallique des épis de maïs courbés sous le vent, les cris du Gave, et la plainte de l'oiseau de nuit, perdue dans les airs ; je m'écrie alors :

Je t'aime, orage, avec tes cris perçants,
Je t'aime avec ta foudre et tes sombres accents
Et tes gerbes de feu scintillant sur ma tête,
Que disperse en courant l'ange de la tempête.

J'aime ton cri fatal dans notre étroit vallon,
Voix terrible du ciel, formidable aquilon !

O voix des éléments, sombre, mystérieuse,
Vos accords en mon cœur ont de graves échos ;
Ouragans qui criez en ma nuit ténébreuse,
En moi vous résonnez ainsi que sur les flots.

Au moins, fais, ô mon Dieu! qu'au terme du voyage,
Guidés par les lueurs de tes cieux embrasés,
Les vaisseaux attardés, en touchant le rivage,
D'un écueil inconnu sauvent leurs mâts brisés !

Tout se tait, et bientôt apparaît une étoile ;
Les jeunes matelots s'endorment sous la voile ;
Pas un souffle dans l'air ! La tempête a cédé ;
La mer rentre en son lit, les vents dans leur silence ;
L'écho reste muet, et le champ inondé
Voit reverdir le sol où germe la semence.

Un rayon du soleil a ravivé la fleur,
L'oiseau cherche son nid sous la verte ramée.
Par un seul mot de Dieu la nature est calmée
Mais qui peut apaiser les orages du cœur ?

CHAPITRE XI

Saint-Pé. — Saint-Savin. — Légende. — Lourdes. — Pierrefitte. — Cauterets. — L'Ours.

Après le village de Lestelle qui déploie sa ligne de maisons blanches, on traverse la petite ville de Saint-Pé, frontière du Bigorre et du Béarn. Ici, nous entrons dans les Basses-Pyrénées.

A Saint-Pé, à la place d'un ancien monastère, fondé au onzième siècle par Sanche Guillaume, duc de Gascogne, on trouve un petit séminaire. Les habitants de cette localité fabriquent des clous et des peignes. Maigres, taillés pour la course, les hommes n'offrent pas un type particulier. Les femmes m'ont paru défigurées par la rudesse du travail. Qu'elles sont loin, hélas! des femmes du Transtevère, à l'œil noir, aux traits accentués, au port de reine, belles surtout sous l'empire des passions tendres ou haineuses qui les agitent. Transtevérines, ivres de tendresse ou de colère, de vengeance ou d'amour ! Romaines, reines, toujours reines !

Nous traversons la belle plaine d'Arrens et nous apercevons le mamelon qui porte la chapelle de Pouey-la-Hun. Un rocher de granit forme le sol de cette chapelle très-vénérée des montagnards qui s'y rendent en pèlerinage.

Après avoir dépassé les villages de Marsous et d'Aucun, nous arrivons à Argelès. Arrêtons-nous ici, lecteurs, et dressons-y nos tentes.

Argelès est une jolie petite ville, bâtie sur un monticule, au débouché des vallées d'Azun et d'Estrème-de-Salles. Nous y entrons un jour de marché, au milieu d'une foule compacte. Nous frémissons, en voyant un jeune enfant tomber sous les pieds de nos chevaux, sans que la mère s'en émeuve. Heureusement, on le relève sain et sauf ! Je croyais que toutes les mères avaient un seul et même cœur ! Mais non ; est-elle mère, l'Italienne qui dit au saint qu'elle invoque en lui présentant son enfant malade : « Guéris-le ou prends-le. » Non, elle n'est pas mère ; nous lui dirions, nous : « Si tu ne guéris pas mon enfant, du moins laisse-le-moi. »

Nous sommes dans l'Éden des Pyrénées, la vallée d'Argelès !

Les vallées sont les mystères des paysages; on voudrait s'y abriter indéfiniment. Celle-ci est cernée par de splendides montagnes, couvertes de hêtres qui se mêlent aux pins et aux bouleaux au feuillage découpé et tremblant. Quand je compare ces hêtres majestueux, ces pins superbes aux ifs tondus de Versailles, que je les trouve heureux de pousser libres sous le ciel!... Quelle douce retraite! Comme les heures y coulent unies et paisibles!

Argelès! Ce nom vient de deux mots celtiques qui signifient : « terrain fertile. » Cette vallée large, pleine d'air et de lumière, est, en ce moment, voilée par les nuages; soudain, le vent les écarte, les déchire en lambeaux, et me laisse voir le riant bassin dans toute sa splendeur, dans toute sa magie! Je t'admire et te salue, contrée bénie, aimée du soleil, à la végétation luxuriante, fertilisée par les eaux du Gave qui coulent doucement sur les mousses de tes vertes prairies! Ici, le torrent coule et ne gronde pas.

Ce n'est pas l'étendue d'un site qui en fait l'admirable beauté, c'est sa composition, l'ordonnance de ses lignes. J'aime mieux la vallée d'Argelès que les scènes grandioses des Alpes sous leur diadème de neiges éternelles.

Me voici retirée dans une délicieuse maison. Devant les croisées de ma chambre s'ouvre un balcon. Peu à peu, le ciel s'élargit, la lumière croît, les monts se dessinent, l'air se remplit de vie!

Belles montagnes! Leurs flancs sont cultivés jusqu'au sommet. Que j'aime cette vallée qui sourit encadrée de verdure et de pics crénelés, avec ses ruisseaux d'argent qui courent sur des tapis d'émeraude. Partout où l'homme a pu jeter la semence dans un sillon de terre, une récolte abondante y surgit, et partout à l'horizon des monts sublimes apparaissent, cadre digne de ce site adorable!

Les bergers avec leurs brebis et leurs chèvres, gravissent les hauteurs; les génisses errent au hasard et ruminent en cheminant.

Je croyais revoir le Tyrol avec ses vertes montagnes, la Suisse avec ses forêts alpestres! Il ne manquait que le *ranz des vaches* et les refrains tyroliens, ces chants sonores que redisent les échos!

Les jeunes filles, si vous soulevez le capulet dont elles se voilent, vous paraîtront jolies; leur physionomie est fine et fière, leur teint uni et pâle, leurs yeux calmes et doux.

Argelès, vallée éblouissante de lumière! Argelès, coupe pleine de fleurs, apparition orientale et féerique! Argelès, **vrai paradis terrestre dont on voudrait être un des élus!**

Rien n'est plus saisissant que la transition subite des lieux les plus abruptes à cet Éden de la terre ! Passons dans les gorges imposantes ; admirons-les dans leurs belles horreurs ; mais vivons dans les vallées resplendissantes de végétation et de soleil !

Là, assise sur mon balcon, je contemple, je rêve, et je n'écris pas. Les grandes scènes de la nature sont bonnes à voir pour l'âme et pour les yeux qui les comprennent ; mais il ne faut pas songer à les faire revivre dans toute leur grandeur, dans toute leur vérité. Une description écrite ou peinte ne peut que réveiller en nous le souvenir de ces tableaux que l'art ne saurait reproduire.

Au début du voyage, je ne savais si je me rendrais à Bordeaux ou à Lyon pour me diriger vers cette chère Savoie qui, du haut de ses montagnes roule vers notre France, ou bien si j'irais explorer les Pyrénées. Aujourd'hui, je bénis la résolution qui m'a conduite où je suis.

Dans la vallée d'Argelès, les chemins ont cinq ou six étages de ruisseaux. Partout de petites chutes d'eau avec des extraits de cascades qui tombent du haut des monts et vont se perdre dans le Gave. Les lichens, les mousses vertes, une végétation de sexillaires de diverses couleurs, vêtissent et parent la terre ; le lierre rampe, les rameaux de vigne vierge s'enlacent aux ormeaux et vivent libres dans le bleu du ciel. La clématite festonne les branches des sorbiers aux graines de corail; mais, hélas! déjà les feuilles de la vigne se rouillent, pauvres feuilles jaunies qui tombent à mes pieds; le vent les prend, les enlève, et il me semble qu'elles emportent avec elles quelque chose de moi-même. Les hirondelles fendent l'air et vont chercher de plus doux climats.... Volez, volez, heureuses que vous êtes!

Argelès, terre promise! Que ne puis-je, ici, rester indéfiniment; mais que signifie ce mot, temps indéfini, dans le vocabulaire de l'imagination? Est-ce trois jours ou trois siècles?

Nous quittons Argelès à l'heure où les sources suintent sur les graminées, dans cette vallée qui nous sourit!..... Nous apercevons l'antique abbaye de Saint-Savin qui, si nous en croyons la tradition, remonterait au siècle de Charlemagne. A côté de la demeure en ruine des Bénédictins s'élève une église romane dévastée par le temps, où l'on voit le tombeau de saint Savin et des peintures sur bois qui retracent avec une naïveté touchante la vie du pieux solitaire.

Tandis que les moines de l'Escale-Dieu (sombre couvent situé dans une autre partie des Pyrénées) pleuraient avec les lamentables poésies de Job, l'un des plus grands poëtes de l'humanité, les heureux moines de Saint-Savin devaient chanter un hosanna éternel.

Qui peut songer sans effroi à cette vie monastique où chaque jour les mêmes heures ramènent les mêmes impressions, les mêmes pensées, les mêmes prières?

Saint Savin naquit à Barcelone. Faisant fort peu de cas de toutes les richesses, de toutes les grandeurs que lui avait laissées son père, son cœur n'était ému que par l'amour qu'il portait à son frère né le même jour que lui. C'était une seule et même âme dans deux corps. Après avoir perdu ce frère adoré, saint Savin quitte le monastère de *Saint-Martin de Tours* où ils vivaient ensemble. Il se bâtit au fond des Pyrénées une cabane de sept pieds de long, un peu plus d'espace qu'il n'en faut à l'homme pour s'y coucher après sa mort. Des miracles sanctifient ce lieu et un monastère y est fondé.

La légende va parler. On raconte qu'un moine de Saint-Savin s'enfuyant dans la vallée d'Aspe, en Béarn, fit là un pacte avec le diable. Dans un affreux sentiment de vengeance, il obtint de l'esprit des ténèbres que les habitants de cette vallée seraient, pendant toute leur vie, liés par les pieds à la terre, et que leurs bras raidis deviendraient incapables de se livrer au travail. Les gens du Lavedan accourent pour écraser ces malheureux ensorcelés et en font un horrible carnage. Satan, sous les traits du moine, souriait à la destruction de tant d'infortunés. Soudain, le pape lance un interdit contre le coupable de tant de crimes. Bientôt, chez eux, l'herbe se dessèche, les sources s'épuisent, les églises ne reçoivent plus les morts et les cloches restent muettes.

Avec le temps et de grandes pénitences, la cour de Rome finit par s'adoucir.

Voici pour la fiction. Le récit qui va suivre est de nos jours.

Il y avait dans l'une des chapelles de Saint-Savin, remarquables par des sculptures en bois du plus fin travail, un bon tableau d'un ancien maître, qu'on regrette de n'y plus trouver. Le duc de Montpensier, dans une visite qu'il fit à ce couvent, ordonna que cette toile fût enlevée et portée à Paris pour l'y faire restaurer ; mais peu de temps après survint la révolution de Février; Louis-Philippe perdit sa couronne, et Saint-Savin son chef-d'œuvre, si toutefois chef-d'œuvre il y avait.

Les révolutions n'entrent pas dans le programme d'avenir que, trop souvent, rêvent les princes.

A mesure que nous avançons de Saint-Savin à Lourdes, les montagnes se pèlent et prennent un saisissant aspect de tristesse. Nous laissons les monts à demi cultivés pour cheminer entre d'immenses blocs de granit et d'ardoisières. Voyez ces escarpements stériles ; à peine, si çà et là quelques bois rabougris et tenaces couvrent leur nudité. Ils végètent dans des fondrières, et pourtant ici je cueille encore quelques fleurs sauvages, gracieuses et tremblantes qui saluent mon passage.

Après avoir traversé la plaine de Bigorre et les défilés des monts arides, nous voyons le château de Lourdes, forteresse des Pyrénées, bâtie en amphithéâtre sur des gradins de rochers, se dresser orgueilleusement devant nous.

On n'assigne pas de date précise à la construction de ce château qui se tient debout sur le seuil des sept vallées dont il défend l'entrée.

On prétend que les Romains nommaient ce lieu *Lapurdum* ; les Sarrasins lui donnèrent le nom de *Mirambel* (Belle-Vue). Cette place soutint, en 778, un siége de huit mois contre les troupes de Charlemagne.

Le chef des Sarrasins, l'intrépide Mirat, ne voulait

pas se rendre; alors, l'évêque de Notre-Dame du Puy en Velay s'en vint trouver l'infidèle et lui adressa ces paroles :

« Puisque tu ne veux pas te rendre à Charlemagne, le mortel le plus illustre de l'univers, puisque tu ne veux pas reconnaître un maître, rconnais au moins une maîtresse; rends-toi à la plus noble dame qui fut jamais, à la mère de Dieu, Sainte-Marie du Puy. Je suis son serviteur; deviens son chevalier. »

A ces mots, Mirat déjà éclairé d'en haut par un rayon de la grâce de Dieu : « Je rends les armes, dit-il, et je me livre, avec tout ce qui m'appartient, à la mère de Dieu, à Notre-Dame du Puy; je consens, en son honneur, à me faire chrétien et à devenir son chevalier; mais j'entends m'engager librement, et je veux que mon comté ne relève jamais que d'elle, soit pour moi, soit pour mes descendants. »

Au quatorzième siècle, le traité de Bretigny livre la vieille forteresse à l'Angleterre. Le Prince Noir y établit comme gouverneur un vaillant chevalier, Pierre-Arnaud de Béarn qui défendit Lourdes contre Duguesclin.

En 1418, le comte Jean de Béarn mit le siége devant le vieux château qu'il força de capituler. Au seizième siècle, Montgommery et le baron d'Arros échouèrent tour à tour devant cette inexpugnable forteresse.

Lorsque cessèrent les guerres de religion, les rois de France entretinrent une garnison dans la citadelle de Lourdes qui finit par devenir prison d'État. La Restauration en fit une place forte.

Le vieil édifice qui domine la ville a conservé quelques restes de constructions romaines. Immobile sur son rocher, l'antique château est hérissé de tourelles, de créneaux, de remparts. C'est le moyen âge debout.

A Lourdes, on trouve aujourd'hui un dépôt de cavalerie et la ferme modèle des Hautes-Pyrénées.

Lourdes est précédé, ainsi que nous l'avons dit, par d'affreux rochers qui dressent vers le ciel leurs têtes chauves, à peine parées de quelques herbes grisâtres et de blocs de marbre bien tristes à l'œil.

Les richesses minéralogiques abondent dans les Pyrénées; on y rencontre le fer, le plomb, l'argent et surtout les marbres qui sont le produit le plus important de ces montagnes. Sur celle qu'on appelle *Davrentaygue* apparaît une ruine à laquelle on prêterait facilement un roman sinistre, à l'instar de ceux d'Anne Radcliffe : c'est un débris du château de *Beaucens*, jadis propriété des

Rohan-Rochefort, devenu aujourd'hui l'asile des oiseaux de nuit.

Lamartine a dit : « On compte dans la vie de beaux moments et de vilaines années. » A la jeunesse les beaux instants, mais elle dure peu ; les roses fleurissent sous le soleil de juin ; quelques heures suffisent pour les flétrir. Mais belles encore sont les heures de voyage, même dans les jours d'automne de la vie ! Malheur à celui pour qui le ciel bleu, le cri du vent, les soupirs des vagues ne disent rien ; malheur à lui !

Nous voici à Pierrefitte, carrefour très-bruyant : c'est la campagne après le désert. Des plants d'oseraies poussent le long du Gave ; des hameaux épars se lient aux parois des monts et regardent la vallée. Une ascension de deux heures nous conduit de Pierrefitte à Cauterets.

Nous cheminons dans un défilé resserré. Faisons ici une pause et jetons un regard sur la vallée que nous quittons ; admirons-la dans sa grandeur et sa magnificence ! Des troupeaux de chèvres grimpent aux rochers ; des terrains cultivés apparaissent à des hauteurs invraisemblables.

Nous nous enfonçons entre deux formidables murailles de granit ; le vent court sur leurs croupes boisées avec de longues plaintes !

Plus loin encore, des rocs sourcilleux aux teintes grises se dressent hautains, et, parfois, ils se verdissent sous des forêts de pins et de frênes.

Ces arbres sont vêtus d'une sorte de mousse parasite dont les longs filaments tombent à terre.

Quel silence sous ces mornes abris! C'est à peine si l'aigle ou l'épervier, en passant, agitent les branches enlacées et immobiles de ces éternelles forêts.

En avançant encore, les pins deviennent plus rares tandis que les plantes courageuses résistent.

La route suit des irrégularités sinueuses, et çà et là quelques minces cascades déroulent leur ruban argenté.

Trois fois nous traversons des ponts jetés sur le Gave. Celui qui longe la côte du *Limaçon* est situé à moitié chemin.

Cette contrée a un aspect d'une incroyable mélancolie, et pourtant j'aime ces lieux qui n'appartiennent à personne. Il semble qu'en présence de ces grandes scènes de la nature, le sang, activé par un air généreux, court plus vite dans les veines, et l'on éprouve une sensation de bien-être qui exalte en nous le sentiment de la vie. On aspire avec ardeur la senteur des plantes aromatisées qui s'obstinent à vivre dans la pierre, et l'on arrive à un état qui flotte entre la veille et le rêve. On jouit de l'heure présente, sans songer à l'heure qui a fui, encore moins à celle qui doit suivre; on est tout à l'émotion du moment, et le dirai-je? au milieu de ces sublimes horreurs, je retrouve la faculté d'être heureuse.

C'est bien ici, devant cette grande nature que l'on comprend que l'homme a une destinée, dans la sphère immense ouverte à son regard, au delà de l'horizon si borné de la terre. Plaignons ceux qui ne l'entrevoient pas. La vue des beautés de la création doit ramener l'homme au Créateur! Oui, l'âme adore et prie, avec la poussière argentée des cascades, avec les rumeurs du torrent, avec le cri de l'aigle qui fend la nue, avec la voûte azurée qui nous sert de tente!... Il semble qu'elle participe à la grandeur du spectacle, et le silence seul est à la hauteur de l'émotion.

Plaignons, plaignons ceux qui doutent de Dieu en présence de tant de merveilles; mais plaignons plus encore que les sceptiques de l'esprit, les sceptiques du cœur.

N'essayons pas de décrire ces contrées où la main de Dieu a déployé toute la majesté de ses œuvres. Lorsqu'on aurait épuisé toutes les formules de l'admiration et de la surprise, rien ne donnerait l'idée de ces merveilles sorties des mains du Créateur et restées immuables dans leur sublimité!

Nous voici à Cauterets. Je me retourne pour dire un dernier adieu aux montagnes qui bordent la route. A l'horizon se dessinent un arc-en-ciel qui semble former un grand pont aérien, et de petits brouillards qui peu à peu se font nuages.

Cauterets gît dans un entonnoir. C'est une chaudière au fond de laquelle bouillonne le Gave. Les rues sont alignées, les maisons hautes; leur aspect est généralement monotone.

Je ne suis pas de l'avis de l'abbé de Voisenon qui écrivait, en 1761, à son ami Favart : « Ce pays ressemble à l'enfer excepté pourtant qu'on y meurt de froid. C'est une horreur à la glace. Les habitants sont vêtus de suie. Rien n'est plus triste à voir! »

Je crois que le malin abbé voyait jaune le jour où il écrivait ces lignes.

Deux sources sont renommées dans l'établissement thermal : celle de *César* et celle des *Espagnols*.

Les sources minérales de Cauterets, m'a-t-on dit, sont au nombre de quatorze; elles attirent les malades par leur vertu, tandis que les touristes sont appelés ici par la beauté des sites.

Cauterets reçoit un grand nombre d'étrangers pendant

la saison des bains. Comme dans toutes les eaux des Pyrénées, c'est en deux mois que les hôtels doivent faire leur recette annuelle : ce qui explique pourquoi l'étranger y est passablement exploité.

La fontaine de Buzan était la propriété des religieux de Saint-Savin. C'était la source favorite de Marguerite de Valois, sœur de François I*r*. Elle lui avait donné le nom de *Fontaine d'Amour*. Elle venait à Cauterets avec sa cour, ses savants et ses poëtes.

Ces eaux qui, jadis, paraissaient spécialement consacrées à guérir les blessures, sont bonnes aujourd'hui pour toute espèce de maux. Dans un demi-siècle elles seront, sans doute, appelées à faire d'autres cures encore. La médecine a bien le droit d'avoir ses modes.

Bretonneau, l'une des lumières médicales de notre époque, n'en doutait pas quand il disait à l'un de ses malades qui le conjurait de l'envoyer aux eaux des Pyrénées : « Partez, partez vite; employez ce moyen, pendant qu'il guérit ! »

Dès notre arrivée à Cauterets, hôteliers et guides, tout un monde nous poursuit. Je crois retrouver Naples et sa nuée de *facchini*.

Je suis logée sur la grande place, à l'*Hôtel de France*. Sous mon balcon séjournent des mendiants, des idiots à la voix rauque, au cou tordu, au corps déformé ; puis viennent des joueurs d'orgue, des chanteurs ambulants, des Espagnols drapés dans leurs bruns manteaux, des servantes, de jolies filles et des oisifs de tous les états. Quel vacarme !

De tout ce monde, les joueurs d'orgue sont les mieux accueillis par moi. Toutes les fois qu'en France, comme à l'étranger, je rencontre ces musiciens de la rue, j'éprouve une agréable sensation qui me ramène à Paris, et même au fond de ma retraite normande où ces pauvres Italiens de Plaisance ou de Parme sont, avec les oiseaux, mes musiciens ordinaires.

Le jour de mon arrivée à Cauterets, j'ai cru qu'il y avait émeute. On entend Cauterets à distance, comme on entend *Tolède*, cette rue tapageuse de Naples. C'était tout simplement l'heure de l'arrivée des voitures, et chacun se tenait à l'affût.

En traversant la pittoresque coulisse qui conduit à Cauterets, j'avais entendu çà et là quelques coups de fusil tirés dans la montagne, et je vis apporter en triomphe, par quatre villageois, un jeune ours qu'avaient tué des chasseurs.

A ce propos, je me fais raconter la vie de ces hôtes des rochers, et j'apprends avec une vive satisfaction que les ours sont les meilleurs enfants du monde, n'ayant pas un grain de malice. Ils sont inoffensifs, me dit-on, envers ceux qui ne leur veulent point de mal ; et à l'appui de cette assertion qui me trouvait tant soit peu incrédule, on me raconte que, quelques jours avant mon arrivée, une bonne femme de Canterets était, au point du jour, occupée à cueillir des fraises des montagnes pour les vendre dans les hôtels. Un ours, très-friand de ce fruit savoureux, se livrait au même endroit à une semblable recherche. Tout à coup la femme lève la tête, et que voit-elle ? le terrible animal ! Au même instant, celui-ci met le nez au vent, et qu'aperçoit-il ? la femme ! De là une mutuelle surprise ! Que fait-on des deux parts ? Ours et femme prennent leurs jambes à leur cou et s'enfuient rapidement dans des directions opposées.

Bien que je tienne le conteur pour véridique, j'avoue que s'il m'arrivait de faire une pareille rencontre, je ne serais pas tout à fait aussi rassurée sur son dénoûment.

CHAPITRE XII

Les Ours. — L'Isard. — Les Nobles. — La grange de la reine Hortense. — Le pont d'Espagne. — Le lac de Gaube. — Vignemale. — Saint-Sauveur. — Luz.

Dans plusieurs parties des Pyrénées les villageois dressent de jeunes ours et leur apprennent mille facéties divertissantes. Une autorité du pays traverse un village dans la montagne et l'on recommande à sa charité une pauvre, vieille, dont le mari avait été dévoré par son pensionnaire. (Ceci tendrait à compromettre un peu la réputation de ces estimables quadrupèdes).

— Je n'ai rien, rien, disait la vieille à l'homme puissant, pas même un toit pour nous abriter, moi et ma bête.

— Comment, votre bête, celle qui a mangé votre mari?

— Hélas! Monsieur, reprit-elle, c'est tout ce qui me reste du pauvre homme!

Voilà une sensibilité d'un nouveau genre!

Enfin, l'ours est un animal grave, recueilli, fourré dans sa houppelande noire, grise ou blanche, vêtement d'hiver, qui le protége contre les neiges et les autans.

Il vit seul au sommet des rocs; ses mœurs sont austères; sa vie est méditative; c'est le philosophe, c'est le Zénon des bois. Toutefois, l'on pourrait dire qu'il serait encore plus estimable, voire même qu'il ne manquerait rien à ses vertus si, à l'exemple du vieux Saturne, il ne dévorait pas ses enfants;..... mais on ne peut pas être parfait!

De même que l'ours aime à goûter les fraises, l'éléphant savoure le parfum des fleurs. On dit aussi que l'éléphant est l'animal dont l'intelligence a le plus d'analogie avec celle de l'homme. Cet esprit délié a choisi une bien grosse enveloppe.

L'isard à la robe jaunâtre, au front armé de petites cornes, habite les cimes les plus élevées de la région des neiges. Il est vif et enjoué et diffère beaucoup de l'ours dont le caractère tourne à la misanthropie. L'isard saute de rocher en rocher; d'un bond il franchit les précipices. C'est le plus adroit des acrobates, et si l'un des membres de cette famille agile avise le danger, si les chasseurs de la montagne viennent lui faire la guerre, aussitôt il avertit ses frères, et, tous à la fois, disparaissent sous le bois, avec la rapidité d'une flèche.

Puisqu'au lieu de donner à l'homme une préséance qui lui revient de droit, j'ai commencé par l'animal, continuons. Je dirai donc que j'ai rencontré dans les Pyrénées des bandes nombreuses de *nobles*. De *nobles?* me demandera-t-on, de fils de famille courant les grands chemins? Expliquez-vous. (Oh! mes braves gens des Pyrénées, j'ai bien peur qu'il n'y ait quelque chose de révolutionnaire dans cette dénomination.) Des *nobles*, dites-vous, qu'est-ce cela?

Sachez donc que ces *nobles* ne sont autres que les descendants en ligne directe de ces animaux prohibés par la loi de Moïse, dont les ancêtres furent précipités dans un fleuve de Judée parce que les démons étaient entrés dans leurs corps. Après ce fait, comment douter encore de l'existence des esprits malins?

Dans ces contrées, les habillés de soie sont blancs et roses, mouchetés de noir, bien lavés, proprets, élégants de manières, coquets et recherchés. Leurs yeux sont narquois; leurs longues oreilles sont pendantes; c'est sans contredit l'aristocratie de l'espèce. Ils pâturent, genre d'alimentation étranger à leurs frères de nos régions.

Ils vivent de préférence près des eaux courantes et se désaltèrent aux plus claires fontaines. Après le repas, ils entrent dans un bain, ni plus ni moins que les pachas de l'Orient, aux habitudes sensuelles.

Enfin, ces *nobles* sont de vrais dandies, tels que Brummel les représente, avec tous les raffinements de la fashion. Cette société d'élite va broutant et grognant, et quand elle est bien repue d'une herbe fraîche, elle bâille, se détire et s'endort au soleil. Je ne connais pas de destinée plus désirable que la leur ; ce sont vraiment d'*heureux coquins* que ces *nobles* des Pyrénées ! Qu'on me pardonne l'expression.

Ils ne comptent qu'un mauvais jour dans leur vie, c'est le dernier, celui où ils passent de vie à mort pour entrer au saloir. Mais n'arrivons-nous pas tous à cette heure où nous devons à la fois liquider notre fortune et notre vie ? C'est alors que les héritiers accourent en prenant un masque de circonstance, mais avec le cœur bien léger. On prétend même, sans doute bien à tort, qu'à cet instant étrangers et parents se valent !

J'ai rencontré, ce matin même, un pauvre homme qui me dit, en fondant en larmes, qu'il venait de perdre deux *nobles* et sa femme. « La femme était vieille, me dit-il ; mais les deux porcs étaient tout élevés. »

Je le laissai inconsolable de cette dernière perte.

※

S'il n'y a point d'oiseaux dans les Pyrénées, les lézards n'y manquent pas. Ils courent en zigzags le long des pierres et des rochers ; ils ne dorment pas tant que le jour dure, et ils sont à l'affût de tout ce qui se passe.

Les habitants des Pyrénées ont longtemps végété dans une affligeante misère. On disait, il y a cent ans, « qu'on n'y connaissait que trois chapeaux et deux paires de souliers. » Aujourd'hui, la plupart des pieds sont chaussés et tous les chefs sont à peu près couverts.

Quel mouvement dans la vallée de Cauterets ! Les touristes et leurs guides partent ou reviennent des champs ; les jeunes filles vont cueillir la fraise des montagnes ; les Basques et les Béarnais se coudoient sur les chemins.

Au village de Lamcera, à trois quarts de lieue plus loin, je m'arrête à la grange où la reine Hortense, mère de Napoléon III, trouva un abri à la suite d'un orage effroyable qui l'avait surprise dans la montagne.

Je suis heureuse de rencontrer le nom de la reine Hortense qui, dans mon passé, se lie à tous mes meilleurs souvenirs ; aussi ne l'ai-je jamais prononcé ou écrit, sans qu'il réveille en moi une émotion douce et triste à la fois, pleine de gratitude et de regret.

Ne l'ai-je pas vue et aimée au fond de son exil, sur les bords du lac de Constance, dans sa retraite d'Arenenberg qu'elle savait embellir par le goût et l'intelligence des arts. Toujours spirituelle et bonne, j'aimais ses entretiens instructifs et variés. Sa mémoire n'était en défaut que pour se souvenir du mal qu'on lui avait fait. Je retrouvais là son fils que j'avais vu partir si jeune de France ; déjà, ce prince, ainsi que je l'ai dit, entrevoyait à l'avance son avenir comme un fait accompli. Sa confiance en lui-même était sa force.

☙❧

L'excursion à la mode à Cauterets est celle du Pont d'Espagne ou du lac de Gaube.

Lecteur, voulez-vous me suivre au fond d'une gorge tortueuse, dans laquelle le Gave se précipite en nombreuses cascades avec un fracas terrible ? Après la cascade du Mahuret vient celle de Lectoure ; elles bondissent avec un bruit formidable sur des roches unies et luisantes.

Puis, en suivant un sentier ombragé par des hêtres et des pins, race inconnue, enfants d'un autre âge, qui se sont défendus vaillamment contre le temps et les orages, on arrive au Pont d'Espagne, où le Gave de Marcadaou et celui de Vignemale se réunissent et se jettent violemment dans un abîme creusé entre deux murs de rochers. Cette scène est splendide!

Arrivés au Pont d'Espagne, nous montons encore pour nous trouver en face de la chute la plus importante des Pyrénées. Ces eaux descendent du lac de Gaube, et nous nous arrêtons sur ces bords désolés qui ne se parent d'aucune végétation.

Le sentier qui y conduit est assez difficile. Ce lac est ceint par des montagnes aux formes abruptes et décharnées et son aspect est saisissant de tristesse.

Sous ces eaux, en 1832, disparurent deux jeunes époux anglais.

« D'après M. Frédéric Soutras, l'auteur des *Pyrénées illustrées*, Henry Patisson et Sarah Francis étaient mariés, à peine depuis un mois; ils avaient quitté la froide et brumeuse Angleterre pour un ciel plus doux et plus riant, et ils achevaient leur lune de miel au pied des Pyrénees, dans ces grandes solitudes où ils aimaient peut-être à mêler les tendres voix du cœur au murmure solennel des torrents et des cascades. Un jour, ils partirent de Cauterets et vinrent au lac de Gaube; un ciel pur et serein se réfléchissait dans les eaux immobiles. Cette surface aplanie les tenta, comme elle tente tous ceux qui ont besoin de s'isoler des hommes pour rêver et pour aimer. Ils détachèrent la barque, et gagnèrent en ramant le milieu du lac. Tout à coup, la lourde embarcation oscille, se penche, se rasseoit, s'incline encore, et enfin se renverse. Le mari disparaît, entraîné au fond du gouffre. La jeune femme est soutenue par ses vêtements de soie et flotte sur les eaux; on aperçoit du rivage ses efforts et ses convulsions. On accourt, on s'empresse, on s'agite; mais personne ne sait nager, et il n'y a pas d'autre barque! Les spectateurs, en face de cette infortunée fatalement dévouée à l'abîme, se regardent, muets d'épouvante et d'horreur. Mais bientôt la jeune femme ne se débat plus! Ses bras se raidissent et retombent sur l'eau. Enfin, au moyen de longues perches, on parvient à l'accrocher par la robe et à la tirer sur le rivage; mais la mort avait accompli son œuvre et l'on n'avait ramené qu'un cadavre.

« Le corps du mari ne fut retrouvé que quinze jours plus tard; les restes mortels des deux époux furent transportés en Angleterre, et un même cercueil rapporta sur la plage de Douvres ce couple qui s'était élancé si heureux et si confiant dans la vie, et qui avait rencontré la mort embusquée à la première étape du chemin. »

※

Sur le dernier plan de la gorge, à l'entrée de laquelle s'étend le lac de Gaube, apparaît, au milieu d'un amphithéâtre de montagnes, le Vignemale, dont les quatre pointes aiguës se dressent fières et altières comme de gigantesques paratonnerres.

On assure que Vignemale est une des plus hautes montagnes de France. Elle compte 3,298 pieds au-dessus du niveau de la mer.

Ces sites sont trop grandioses pour que j'essaie de les décrire.

De Cauterets nous revenons à Pierrefitte pour monter jusqu'à Saint-Sauveur.

La pluie est encore notre trop fidèle compagne; je me croirais en pleine Normandie, si les montagnes ne me disaient pas que j'en suis assez loin. Nous vivons dans nos champs normands, sous un manteau de brouillards, et sous un ciel qui se fond en eau. Aussi, de temps immémorial, le premier cadeau qu'une bonne fée marraine doit faire à son filleul, à l'occasion de sa première dent, c'est un parapluie.

La pluie vient à nous par rafales. Les nuages noircissent le ciel et s'enroulent sur les monts. La voix stridente de l'ouragan rappelle le cri des ours dans les sapins. Notre véhicule roule entre deux murailles immenses de rochers que la mine a ouverts avec effort. Sur nos têtes se dressent des pics aigus, des étages de blocs, à des hauteurs prodigieuses. Le défilé semble se fermer tandis qu'il ouvre à chaque pas de nouvelles issues. Le vent pleure et le torrent mugit avec des voix terribles.

Vus à une certaine hauteur, les villages ne sont plus qu'une tache dans l'espace. Je mesure la profondeur des gouffres qui bordent la route. Je suis de l'œil l'escarpement des rochers ; et çà et là je distingue sur leurs flancs des champs larges comme la main, ensemencés et verts. Pour l'homme quel travail opiniâtre, et qu'il est maigre le fruit de tant de labeurs !

Nous arrivons à Saint-Sauveur; ici les monts se revêtent de chênes, de hêtres et surtout de pins, enfants des rocs, qui poussent dans leurs fissures et gravissent parfois jusqu'à leurs cîmes. Ils vivent isolés ou se rangent en file; l'hiver les revêt de neige; ils apparaissent alors sous ces livrées funèbres comme dans de blancs linceuls.

Saint-Sauveur, c'est Plombières, les montagnes en plus. C'est une rue avec des maisons régulières qui s'appuient sur le rocher à pic. Brisés par les habitants patients et laborieux, des blocs de marbre et de pierre ont fait place à une double rangée de maisons spacieuses.

A l'entrée de l'établissement thermal s'ouvre un portique carré soutenu par deux rangs de colonnes.

On bâtit à Saint-Sauveur une église admirablement située.

Je n'ai fait que passer ici; j'aurais voulu y séjourner dans le calme de la pensée et de l'étude.

Là, comme dans le reste des Pyrénées, on trouve, à quatre ou cinq cents pieds sur les monts, de petits champs d'orge et de céréales; les pâtres se font passer une corde autour du corps pour parvenir à les moissonner.

Ici encore les sommets des monts sont habillés de brouillards, tunique légère, ceinture flottante qui coure sur leurs flancs, et qui déchirée en lambeaux se traîne à leurs pieds.

A Saint-Sauveur, les arbres s'élancent d'un jet superbe ; les peupliers hautains s'échelonnent sur les pelouses et regardent fièrement le soleil.

Sur la rive droite du Gave s'élèvent les débris d'une vieille tour qui défendait la vallée contre les miquelets d'Espagne. Je m'assieds sous les pins ; leur ombre a quelque chose de vaporeux, de transparent qui fait rêver. Le soleil, dans sa gloire, inonde les champs et les monts de ses vapeurs d'or. Oh ! comme j'aurais aimé à m'installer à Saint-Sauveur, avec des livres, des crayons, des plumes, avec tous ces amis de la solitude !

Eh bien ! il faut partir pour se rendre à Luz, gros bourg ou petite ville comme on voudra l'appeler. Les rues sont traversées par les eaux courantes ; elles regorgent de moutons, d'ânes chargés de bois, de villageoises aux pieds nus. Cette misère semble exclusivement réservée aux femmes et je ne sais comment leurs pauvres pieds peuvent résister aux cailloux aigus de la route.

⁂

Entrons à l'église de Luz, lourd et massif bâtiment qui date du douzième siècle ; elle est sombre et triste. C'est l'une des plus curieuses des Pyrénées. Le mur de fortification qui l'enveloppe et sa tour carrée prouvent que les moines guerriers, les templiers qui la possédaient, en avaient fait une place d'armes. Le clocher et le mur d'enceinte sont défendus par des créneaux.

Sous le porche de l'église, une peinture grossière représente des oiseaux fantastiques et l'ange exterminateur tenant la trompette du jugement dernier.

Près de la porte, un antique tombeau sert de bénitier ; on puise l'eau qui fait vivre l'âme dans cette pierre qui a recelé la mort. A cette heure, l'église était pleine d'une population recueillie. Les habitants des montagnes sont religieux ; la foi est un héritage qu'ils ont reçu de leurs pères ; ils le gardent fidèlement. Les doctrines subversives du jour n'arrivent pas jusqu'à eux, et en les voyant agenouillés et croyants, je me rappelai les conclusions de la profession de foi du Vicaire Savoyard : « Dans l'incertitude où nous sommes, c'est une inexplicable présomption que de professer une autre religion que celle dans laquelle on est né. »

Pauvres gens, croyez et ne cherchez pas !

L'église de Luz, comme celles de la plupart des villages des Pyrénées, avait deux portes : l'une haute et large qui laissait passer les gens sans tache ; l'autre étroite et basse, qui ne s'ouvrait que pour les *cagots*, race maudite et exclue de l'égalité, même dans le temple divin.

Les cagots descendaient originairement des Goths, et représentaient les derniers envahisseurs de la contrée ; ils étaient l'objet de la haine publique. *Cagots* signifiait *chiens de Goths.* Ils ne sont plus aujourd'hui que les crétins ou les goîtreux de la vallée. Les idiots ou cagots sont indigènes et appartiennent aux Hautes-Pyrénées.

J'ai vu les idiots du Valais ; ceux-là, on les supporte ; on fait mieux, on les aime, on les considère comme les protecteurs, comme les dieux lares de la maison qui les possède.

Luz était jadis la capitale des Sept-Vallées, et chaque commune y envoyait des délégués pour y soutenir ses intérêts particuliers.

Les États de Bigorre étaient représentés par trois ordres : le clergé, la noblesse, le tiers-état.

Le peuple de Luz, malgré la déchéance de sa ville, est heureux. Sa vallée est si belle ! La vie circule jeune et féconde dans cette nature privilégiée. Dans ce coin de terre paisible et ignoré, quel calme inaltérable si on le compare, surtout, aux tempêtes humaines qui remuent le sol ébranlé de la vieille Europe.

Dieu semble punir les hommes de leurs discordes en comblant d'une main sévère la mesure de leurs maux !...

Les filles de Luz sont jolies sous leurs capulets rouges. Leurs jupes courtes laissent voir leurs jambes nues ; elles filent la quenouille en suivant les rues et les sentiers.

Tenant en équilibre sur leurs têtes des charges énormes, elles ressemblent en cela aux femmes de Tivoli qui portent, de même, d'après un usage immémorial, des vases de la forme des amphores antiques ! Qu'elles sont nobles, ces Romaines ! « *Son romane* » disent-elles, et ces mots sont l'argument qui répond à tout. J'ai connu des princesses moins fières que la dernière des Transtevérines.

Les hommes se coiffent du béret brun et portent la veste écarlate ; mais, je dois le dire, je n'ai rencontré nulle part ces costumes de fantaisie représentés dans les albums des Pyrénées ; ce sont aujourd'hui de pures fictions.

Où se font les baréges ? Cauterets, Luz, Baréges,

Bagnères-de-Bigorre et Bagnères-de-Luchon en réclament le privilége.

Ce privilége est-il donc aussi important que l'honneur d'avoir donné naissance au vieil Homère, pour que tant de ville se le disputent ?

⁂

J'aime les sites sauvages et leurs sublimes horreurs ; j'aime les monts altiers et leurs neiges éternelles ; j'aime les vallées où la terre est en fête ; j'aime l'auberge sans le moindre confort ; ce qui m'en plaît surtout, c'est qu'on n'y est pas plutôt descendu qu'on la quitte. En peut-on dire autant de toutes les choses de ce monde, bonnes ou mauvaises, auxquelles on est lié ? Il en est tant qu'il faut garder malgré l'ardent désir qu'on aurait de s'en défaire !

J'aime l'imprévu ; mais avouons que le voyage a aussi son chapitre des mécomptes. Depuis que je suis dans les Pyrénées, n'avais-je pas le droit de compter sur le soleil ? Ne suis-je pas dans sa patrie ? Et voilà que je me sens incessamment submergée sous les flots d'une pluie torrentielle ! Mais je vois de belles montagnes, vertes ou dévastées, coiffées de neige et baignant leurs pieds de marbre dans des gouffres sans fond. J'ai admiré des rochers abruptes, des vallées adorables que Dieu dans sa générosité, a façonnnés de ses mains. Eh bien! je recommencerais cent fois ces beaux pèlerinages, malgré la pluie et les mauvais gîtes. Voilà ce que je me disais le soir, dans mon auberge de Luz, les pieds sur les chenets, attisant mon feu, pour faire jaillir du bois vert quelques milliers d'étincelles.

⁂

Qu'on me permette de redire, ici, une histoire dont je dois le récit à l'un des acteurs.

Pierre, notre conducteur, avait amené dans ces parages une célébrité fort appréciée du Paris gourmet. N'est-ce point aussi un art que l'art culinaire? Combien de hautes questions politiques n'eussent pas été résolues sans le concours de ces artistes intelligents?

Pierre entre dans une auberge de la montagne avec un personnage qui veut garder le plus strict incognito. Le voyageur aperçoit, d'un coup d'œil, à la porte de la cuisine, un concile de chats, aussi nombreux et aussi grave que celui présidé par Rominagrobis.

L'étranger surpris se permet de demander si le civet,

qui figure dans le menu qu'on vient de lui remettre, sera fait avec l'un des membres de ce conseil privé.

Le *Vatel* des Pyrénées, indigné de cette audacieuse supposition, répond avec colère : « Ce n'est que chez M. X... de Paris qu'on ose se permettre ces indignes substitutions ; sous ce rapport sa réputation est faite. » « Qui vous a dit cela ? reprend le voyageur. « Qui me l'a dit ? Parbleu, qui pourrait en douter ? Dans une descente de police, n'a-t-on pas trouvé dans son arrière-cuisine la peau de tous les chats du quartier ? »

Sur ce, le voyageur se redresse avec fierté, voile sa face et rentre chez lui.

Il demande à son conducteur s'il l'a fait connaître. « Non, non, Monsieur, » dit celui-ci.

» Eh bien ! reprend-il avec majesté, allez dire à ce chef mal instruit, qu'il aura l'honneur, aujourd'hui même, de traiter le *grand X. de Paris !* »

A ces mots rapportés fidèlement, le pauvre homme interdit perd la tête et le dîner brûle. Jamais table ne fut plus mal servie. Le festin de Boileau à côté de celui-ci eût été digne de Lucullus. Mais pourtant, je dois le dire, notre Vatel, moins sensible au point d'honneur que son devancier, ne crut pas devoir, pour un dîner manqué, rompre brutalement avec la vie.

La plaine de Luz surprend agréablement ; les routes y sont bordées par une chaîne de hauts peupliers et les champs cultivés reposent l'œil de l'austérité des montagnes.

Ici, tout est frais et souriant ; le maïs balance ses tiges d'ambre ; les plaines sont traversées par des ruisseaux d'argent qui, ainsi que de longues écharpes flottantes, sortent des monts et vont se perdre dans le Gave. Partout, de jolis hameaux cachés sous de frais ombrages ; là on voudrait vivre oublié, dans un lit de mousse, en écoutant les soupirs du rossignol !!

Napoléon III a passé à Luz, il y a une année. Il a ordonné la construction d'une chapelle sur la crête d'un monticule qui domine la vallée ; elle porte le nom glorieux de *Solférino*.

CHAPITRE XIII

La brèche de Roland. — Gavarnie. — Baréges. — Bagnères-de-Bigorre. — Les Coustous. — Les oiseaux. — Convoi d'une jeune fille. — L'Elysée Cottin. — L'Escale-Dieu. — La rose solitaire.

La Diane nous appelle, partons ! Prenons le bâton et la gourde du pèlerin; partons pour Gavarnie.

Nous voici en route. Nous cheminons à travers le brouillard le plus intense; le temps, selon son habitude, ne nous favorise pas.

Nous cotoyons le *riou maii* (mauvais ruisseau). Dans l'étroite vallée nous cueillons l'œillet superbe et la giroflée des Alpes. Peu à peu les monts se resserrent et ne laissent voir qu'un étroit défilé.

Nous avançons sur une corniche pratiquée dans le flanc de la montagne et nous touchons au passage de l'Échelle, jadis si redouté. On conçoit à peine que le génie humain ait pu triompher de la nature et vaincre des difficultés, que dis-je? des impossibilités qui paraissaient insurmontables. Après le passage de l'Échelle, on traverse le hameau de Scia; l'œil s'y repose avec quelque charme. Les noyers et les cerisiers couvrent de leur ombre les maisons étagées sur le coteau.

Nous traversons le pont de l'Artigue ou de Scia jeté sur le torrent, l'éternel Gave qui, rencontrant sur sa route des blocs énormes, bondit, rugit et rebondit à plus de cent pieds de haut.

Après le pont de *Desdouroucat*, nous entrons dans une petite vallée, et nous arrivons au hameau de Pragnères. Là, les chutes du Gave sont utilisées et font marcher des moulins et des usines.

Dans la campagne de Gèdre, fertile et cultivée, avec ses vergers, ses maïs, on trouve çà et là quelques demeures entourées d'arbres, cachées dans les ondulations de la montagne, et les pauvres gens qui les habitent, aiment leurs rochers qui sont pour eux la patrie!

L'amour de la patrie est l'amour du pays natal étendu; c'est une fraternité plus large que celle de la famille.

Ici des blocs énormes se sont détachés et encombrent le sol. C'est là qu'on prend des chevaux et des guides.

Courage ! la route se dessine à peine entre d'énormes rocs dénudés et renversés pêle-mêle. Ces masses colossales sont sans doute les débris d'une montagne écroulée. C'est le chaos dans son désordre, dans son horreur ! Ce n'est point un tremblement de terre, mais un tremblement de rochers ! Plus de mousse, plus un brin d'herbe, rien... plus rien !...

Voilà l'entaille que l'on nomme la *Brèche de Roland*. C'est par ces défilés qu'en 778 ce héros, le plus vaillant et le plus fidèle compagnon de Charlemagne, passa en Espagne pour châtier les Sarrasins.

Ses soldats victorieux furent surpris, au retour de cette glorieuse campagne, par les mercenaires du duc de Gascogne, en traversant les défilés de Roncevaux.

C'est là que Roland périt. « Blessé à mort, il se souvint des hommes de son lignage, de la douce France, de Charlemagne, son seigneur qui le nourrit, et ne put se tenir d'en pleurer et d'en soupirer ! »

Il faut relire dans ces lieux le *Roland furieux* de l'Arioste, qui écrivit cette romanesque épopée sur le bouclier de l'ancienne chevalerie.

Là encore un désert de rochers, solitude morne, dépeuplée, nue, aride, vrai chaos, tel qu'il était sur la surface du globe, avant que Dieu ait dit aux arbres :

« Poussez; à l'herbe des champs: verdissez et décorez la terre! »

Nous avançons et la route devient inextricable. Ce ne sont plus des rocs épars, mais des blocs géants renversés qui ressemblent à d'immenses ossuaires. Ici encore ruine, désastre, désolation! L'horizon se referme sous ces énormes débris qui, s'appuyant les uns sur les autres, représentent les vagues gigantesques d'un océan pétrifié.

Enfin voici Gavarnie, petit hameau triste et délaissé. Les habitants portent sur leur front une sorte d'impassibilité, fille du travail et de la souffrance.

Si Dieu ne donnait pas une autre vie à ces déshérités de la terre, où serait sa justice? Quel cruel contre-sens! Souffrir ici-bas sans récompense là-haut; agonie prolongée du pauvre qui pleure toute sa vie, sans réveil après sa mort! La vie humaine serait alors la plus odieuse des créations divines si elle devait s'éteindre dans le néant. Le soleil qui nous éclaire n'est-il pas le phare de ce port qu'on nomme éternité?

Après l'effrayant cataclisme, chaîne non interrompue de rocs stériles, faisons une halte devant un champ de fleurs. A nos yeux se déploie le plus délicieux parterre, bouquet lié par la main des fées. Contemplons l'iris au calice bleu, la violette biflore, les lis montagneux, les saxifrages qui brillent et reluisent. Le soleil caresse de ses rayons cette corbeille de verdure, d'or et de velours qui lui sourit. Nous voici dans la patrie des fleurs; que la nature est sublime par ses contrastes!

C'est à Gavarnie que le cirque de neige se dresse de toute sa hauteur et présente son aspect le plus saisissant.

Ce cirque de grès calcaire est une des plus grandes et des plus surprenantes créations du globe. C'est une immense citadelle de glace flanquée de ses bastions et de ses tours. Quelle sauvage majesté! Et je me suis écriée avec lord Burte : « Si j'étais au fond de l'Inde et que je soupçonnasse l'existence de ce que je vois à Gavarnie, j'en partirais à l'instant pour en jouir et pour l'admirer plus tôt! »

C'est à Gavarnie qu'un savant naturaliste, frappé des merveilles qui se déroulaient devant lui, jeta un cri suprême et tomba foudroyé d'admiration.

Cette route si splendide dans ses aspects divers est jalonnée par la mort. Au printemps dernier, en montant dans un char léger jusqu'à Gèdre, un jeune couple anglais nouvellement uni s'est perdu.

On cite le dévouement d'un ancien prieur du couvent de Gavarnie qui, au passage de l'Échelle, se fit descendre à l'aide d'une corde auprès d'un jeune homme, précipité au fond de l'abîme, pour donner à ses derniers moments de célestes espérances.

Où est-il aujourd'hui ce couvent où se réfugiaient ces blessés de la vie qui, morts pour la terre, pouvaient encore servir Dieu et l'humanité ?

Ce cirque a douze cents pieds de haut et près d'une lieue de long. Quelle grandeur dans l'ensemble de cet amphithéâtre de glaces ! C'est une forteresse de Titans, aux murs crénelés ; c'est l'architecture du chaos, et c'est Dieu lui-même qui en dessina les proportions gigantesques. Ce cirque a-t-il changé ? est-il encore ce qu'il était le deuxième jour de la création ? Qui le sait ?...

Les bassins, veufs de leurs lacs, sont comblés par les neiges. Une éblouissante lumière colore ces abîmes transparents ; mais dès qu'elle se retire, ne semble-t-il pas que la vie a abandonné ce chaos inerte et glacé ?

J'ai fait l'ascension du Saint-Bernard ; j'y ai vu les dernières traces de végétation ; j'ai cheminé dans ces neiges éternelles ; j'ai exploré Chamouny et la mer de glaces ; j'ai mesuré de l'œil les gouffres profonds ; j'ai vu la grotte d'azur à Capri ; j'ai vu la chute du Rhin à Schaffouse ;

j'ai vu le pont du Diable, où deux fleuves s'engloutissent dans des abîmes ; je suis montée sur les pics hardis de la Grande-Chartreuse ; j'ai visité toutes les vallées de la Suisse, l'Oberland et ses merveilles ; j'ai fait trois fois l'ascension du Vésuve, et j'avoue que je n'ai rien vu qui m'ait frappée de plus d'étonnement et de saisissante admiration que Gavarnie !

C'est bien ce que les Pyrénées offrent de plus grandiose et de plus inattendu.

La route qui de Luz conduit à Baréges n'est qu'une longue et rude côte sur la rive gauche du Bastan.

Nous voici dans cette nécropole qui s'élève sur un terrain artificiel conquis en grande partie sur les eaux.

Le bourg thermal se compose d'une soixantaine de maisons qui forment une rue large et tortueuse.

Le paysage est hideux. Partout des éboulements blanchâtres, des herbes séchées, de sombres fondrières.

C'est là que s'élevait l'ancien Baréges. Ces débris, qui datent à peine du moyen âge, et à travers lesquels suinte encore un mince filet d'eau sulfureuse presque froide, sembleraient démontrer que les sources, aujourd'hui exploitées, n'ont été connues que dans des temps postérieurs. Quoi qu'il en soit, les eaux de Baréges ne commencèrent à jouir d'une véritable réputation que vers la fin du dix-septième siècle. En 1675, madame de Maintenon, qui n'était encore que Françoise d'Aubigné ou la veuve Scarron, y conduisit le duc du Maine, fils naturel de Louis XIV et de madame de Montespan. Ce fut pour faciliter le voyage du jeune prince que fut établi le chemin de Tourmalet qui mit Baréges en communication avec la vallée de Campan et Bagnères.

Triste séjour que j'ai hâte de quitter, et je prie le ciel de ne pas m'envoyer les maux dont on espère s'y guérir.

J'ai visité, il y a quelques années, certaine contrée et j'avais pu esquisser son image fidèle en deux mots :

De larges prairies coupées par des allées de saules, de belles vaches laitières couchées à leur ombre, des troupeaux qui broutent en cheminant; plus loin de vastes plaines semées de maisons éparses, cachées sous des pampres verts ; de riches villages, des moulins à vent, aux collerettes peintes, aux ailes battant l'air, au tic-tac babillard, et le tout éclairé par les rayons caressants d'un soleil doux et pâle, voilà la Hollande ! Je renvoyais alors mes lecteurs aux tableaux de Paul Potter ou d'Hobema, dans lesquels elle renaît vivante.

Mais il n'en est pas ainsi des Pyrénées ; il faut du temps et de nombreuses explorations pour les connaître.

Dans le Midi que j'ai plusieurs fois traversé, on vit, on rit, on parle, on chante ; on est enfant du même ciel, cela suffit pour s'aimer.

Les villes du Midi sont gaies parce qu'on y est heureux ; les montagnes sont tristes parce qu'on y souffre.

Nous partons de Luz pour nous rendre à Bagnères-de-Bigorre. Çà et là, le Gave tombe et se brise contre les rochers amoncelés sur son passage. Le torrent est tantôt à notre droite, tantôt à notre gauche ; nous en traversons successivement les sept ponts. Sur l'un d'eux se dress une pyramide avec cette inscription :

LA VALLÉE DE BARÉGES

A LA

REINE HORTENSE

1808

A combien de révolutions qui ont brisé des empires, cette colonne si fragile a-t-elle survécu ?

Ici, ne semble-t-il pas que les bons souvenirs s'éternisent ?

Aussitôt que les pentes des monts ne sont pas trop ardues, la culture apparaît; elle fait aussi son ascension. Les versants des montagnes, dans certaines localités, sont bariolés comme des damiers; les mousses stériles sont réservées pour les sommets.

La route qui ramène à Pierrefitte est un défilé entre les rochers dont parfois de grands arbres vêtissent la nudité.

A Pierrefitte les monts disparaissent, et accoutumée que je suis à leur vue gigantesque, je me surprends à dédaigner ces horizons plats. Que ferai-je maintenant de cette plaine toute unie que je vais retrouver, au retour, là où je dois vivre? Voilà le côté fâcheux des voyages : nos yeux deviennent des miroirs où les beaux aspects se gravent; on les revoit par le cœur et la pensée, et leur souvenir rapetisse et enlaidit tout le reste.

Ce n'est pas sans tristesse que je songe à mon oasis de Basse-Normandie, si charmante aux yeux de tous, si vulgaire aux miens.

Avant d'arriver à Lourdes, on retrouve les ossements

gigantesques des monts pyrénéens, avec leurs pentes rudes, avec leurs arêtes vives.

Pierre, mon conducteur, consulte habituellement mes yeux pour y voir la couleur de ma disposition du moment. Ma physionomie trompe peu ; j'eusse fait un assez mauvais diplomate ; car mon regard eût trop souvent donné un formel démenti à mes paroles officielles.

Le ciel s'associait à ma mauvaise humeur ; la pluie tombait à torrents, et j'avais beau chercher sur ma tête des teintes claires, pures et fondues, je ne voyais que des nuées grises, avant-courrières des orages.

Une enfant qui gardait ses moutons, cherchait à terre quelque chose qu'elle avait sans doute égaré : « Que cherchez-vous-là ? lui dit Pierre. — Quelque chose qui n'est point à vous, » lui répondit-elle.

J'offre sur la route un pain à deux petites filles assez déguenillées : « Donnez-le à d'autres qui en ont plus besoin que nous, » s'écrièrent-elles.

La fierté peut donc se plaire sous des haillons et dans toutes les contrées.

Le Bigorre appartint successivement aux rois d'Aragon, aux comtes de Foix, aux comtes de Comminges, aux vicomtes de Béarn, à l'Angleterre et à la France.

Dans les incendies des églises et des abbayes, suite des guerres successives, périrent les anciennes chartes et les naïves légendes, qui, aujourd'hui, nous serviraient à en écrire l'histoire.

Le Bigorre ayant été définitivement réuni au Béarn, subit l'influence du règne brillant de Henri II et de Marguerite de Valois.

✜

Nous approchons de Bagnères, et sur la route, les pampres joyeux de la vigne grimpante se suspendent aux hêtres, aux saules, aux ormeaux. Leurs guirlandes balancées me rappellent l'Italie.

Entrons à Bagnères-de-Bigorre. Je descends dans un hôtel qui longe la promenade des *Coustous*. Que retrouvé-je ici ? presque nos Champs-Élysées de Paris. Devant mes fenêtres s'alignent quatre rangées d'arbres poudreux. J'ai devant moi une bande de musiciens allemands qui mêlent aux valses des chœurs d'opéras, des compositions de Strauss et de Rossini, volées à tous les répertoires connus, et cela avec le flegme et la raideur qui leur sont propres.

Après eux viennent les ménétriers du village, flageolets et violons, dont les accords sont si perçants, si déchirants que mes pauvres oreilles en sont grièvement offensées.

Enfin je dois aux arbres des Coustous un vrai plaisir que j'avais eu le temps d'oublier depuis que je parcourais les Pyrénées, celui d'entendre la prière du matin et la dispute du soir des oiseaux. Je retrouve à Bagnères les festivals du crépuscule et le cantique de l'aube, que j'ai aimés si longtemps, à Paris, lorsque j'avais pour musiciens ordinaires ces petits babillards emplumés.

Ces chants me rappellent aussi ma paisible retraite où mes oiseaux ont pris pour villégiature un mur tapissé de lierre, tout près de mon château. Avec le jour, un oiseau, un seul se fait entendre; c'est le premier coup d'archet du grand concert qui ne tardera pas à éclater. Puis mille voix saluent le jour, et remercient peut-être, comme moi, Dieu d'avoir fait le soleil; enfin, au signal donné, tous partent et vont chercher la pâture de la journée.

Quand l'ombre commence à descendre, tous se rapprochent de leur toit de feuillage et se réunissent sur les branches d'un tremble qui se dresse devant ma fenêtre. Puis, quand le jour s'éteint, commence la dispute; mais le couvre-feu vient-il à sonner, tous ont déjà caché leur tête sous leur aile : c'est là leur demeure pour les longues nuits d'hiver.

J'aime ces oiseaux et leur causerie du soir, et surtout leur prière du matin : c'est un bruit de vie qui m'éveille et qui rompt le silence funèbre de la nuit, plein de mystère et d'ombre.

J'éprouve une sensation de bonheur lorsque paraît le jour. Il me faudra mourir quand le retour de la lumière ne me fera plus battre le cœur !

Saint François disait aux hirondelles, dont il entendait le langage et qui comprenaient le sien: « Sœurs hirondelles, ne pouvez-vous pas vous taire ! » Et moi je dis aux oiseaux des airs et des grèves : « Chantez ! » Ici, les bouvreuils, les grives, les loriots, les roitelets, les pinçons, à cette heure tardive, se donnent rendez-vous sous les branches des Coustous. A chacun son couplet brodé de variations : ce sont des fanfares joyeuses, des arpèges savants, des gammes étincelantes; roulades, cadences, trilles et fioritures, rien n'y manque. Au milieu de ces chants confus, je saisis quelques notes longues et expressives.

L'un de ces voyageurs ailés vient se poser sur le balcon de ma fenêtre et je lui adresse une question à laquelle il veut bien répondre :

> Vous qui volez à l'aventure,
> Joyeux enfants de nos champs, de nos bois,
> Vous, les amis de la nature,
> Et qui du ciel êtes les rois,
> Pourquoi donc fuyez-vous ces superbes montagnes,
> Leur soleil si brillant, si pur ?
> Vous, les hôtes de nos campagnes,
> Volez, volez, dans l'immuable azur !

> « Nous voulons gazouiller au fond des verts bocages ;
> Ici, c'est le séjour de l'aigle et des orages,
> De loin, entendez-vous le bruit.
> Le cri de l'épervier qui dans l'air nous poursuit?

> Hélas ! trop faibles sont nos ailes
> Pour échapper à ces serres cruelles !
> Il nous faudrait, sous vos arbres blottis,
> Les fleurs et le grain de vos plaines,
> Des brises les douces haleines,
> Le nid de mousse où naissent nos petits.

> Il nous faudrait la grasse gerbe,
> La source pure et le brin d'herbe,
> Un sûr abri, lorsque l'ombre s'étend,
> Où chaque soir on s'endort en chantant ! »

Je compris que ces pauvres petits, toujours craintifs, aimaient mieux l'ombrage paisible de nos hameaux et le ruisseau babillard de nos plaines que les cieux éthérés et les torrents furieux des monts pyrénéens.

Chacun se loge à sa taille et chacun fait bien.

Ici je me demandai si je retournerais par Tarbes à Paris ou si j'irais explorer Bagnères-de-Luchon?

La sensation, le plaisir, le caprice, ces maîtres indociles qu'on ne tient pas en bride, me disaient : « Cours, continue ton voyage et prends le chemin qui te sourit le plus. »

Depuis que je suis veuve (ce qui veut dire libre dans le langage conjugal) moi, voyageuse, tranchons le mot, vagabonde par nature, moi, enfin, qui aime le mouvement dans l'espace, comme l'aiment les oiseaux dans le ciel, qu'ai-je fait? Rien... je suis restée immobile dans ma cage dorée; il est bien temps que je prenne mon vol!

Après Bagnères-de-Bigorre viendra Bagnères-de-Luchon.

Je rencontrai ici un homme que je connaissais déjà, doué d'une haute intelligence, mais sérieux et triste comme tous les esprits studieux de notre temps. Naître à certaine époque, c'est venir au monde pour servir l'idée dominante du moment. Les hommes de génie en reçoivent des idées qu'ils agrandissent, qu'ils modifient, sans les changer. L'influence des temps et des lieux pèse sur eux comme la fatalité. Cette observation a sa vérité ; revenons au voyage.

⁕

Bagnères est située sur la rive gauche de l'Adour, à l'extrémité de la plaine de Bigorre, au débouché du Val de Campan. C'est une ville coquette ; elle est le rendez-vous du monde élégant. On s'y promène, on y danse, on y joue. Elle est remplie de touristes, d'indigènes et d'acheteurs. Mille intrigues s'y nouent et s'y dénouent, dit-on, avec une facilité encourageante.

Quel vacarme dans les allées des *Coustous*. On y vit en plein air. Des cafés, des marchands, des boutiques ambulantes encombrent la promenade. Des femmes, parfois jeunes et toujours élégantes, s'éparpillent sous les allées ombreuses, et çà et là, on aperçoit de délicieuses demeures où l'on voudrait passer sa vie, sur les bords de l'Adour, avec les lauriers, les myrtes, les roses, et le gazouillement des ruisseaux limpides qui, courant par les rues, les égayent.

Dans les Pyrénées tout se vend, tout s'achète. Les marbres, les chiens, les stalactites, les pierres, les fraises.

Oh! le ciel du midi, qui réveillerait les morts, met dans l'âme des vivants une source de joie intarissable.

Heureux! cent fois heureux ce peuple dont la gaité est expansive et qui en laisse déborder le trop plein.

Ces enfants du soleil portent légèrement la vie. J'ai toujours compris que la tristesse de mon ciel du nord contribuait à maintenir le clair-obscur dans mes pensées. Le sombre du ciel déteint sur mon âme.

Le nord est la terre d'exil; j'aime le ciel radieux du midi; le grand jour est fait pour les élus!

Les Romains, gens très-civilisés et dès lors très-blasés, venaient à Bagnères pour y reconquérir la santé. On y découvrit vers l'an 1833 des colonnes et des inscriptions qui prouvent qu'ils avaient là des thermes. La civilisation laisse partout des débris et nous marchons sur les races englouties.

Sous les Romains, Bagnères se nommait *vicus aquensis* (bourg des eaux).

D'un temple dédié à Auguste, on a fait une église de

même qu'à Rome le christianisme a souvent substitué un saint à un Dieu!

Montaigne visita ces lieux et leur laissa un souvenir dans les lignes qui suivent :

« J'ai veu, par occasion de mes voyages, quasi tous les bains fameux de la Chrestienté ; et depuis quelques années ay commencé à m'en servir : car, en général, j'estime le baigner salubre et crois que nous encourons non légières incommoditez en nostre santé, pour avoir perdu cette coustume qui estait généralement observée au temps passé quasi en toutes les nations ; A cette cause j'ay choisi jusqu'à cette heure à m'arrester et à me servir des sources où il y avait plus d'amœnité de lieu, commodité de logis, de vivres et de compaignies, comme sont en France les bains de Banières. »

Ajoutons avec M. Cuvillier-Fleury que Bagnères-de-Bigorre est la plus charmante vignette que l'on puisse placer au frontispice d'un voyage dans les Pyrénées. « Jamais rien en France et en Italie qui donne une idée de ce délicieux séjour, a écrit l'auteur de *Voyages et Voyageurs*. La jolie petite ville de Suze qui vous reçoit, à la descente des Alpes, du côté du Piémont, dans son enceinte si riante et si hospitalière, ne peut lui être comparée que de très-loin. Vous allez en juger. Imaginez une ville où les maisons ont partout des chambranles de marbre à leurs portes, des assises de marbre à leurs fenêtres, des terrasses suspendues et des murailles qui sont blanches comme la robe de noce d'une jeune fille; imaginez des rues, non pas tirées au cordeau, mais aérées, spacieuses et serpentant comme les allées d'un jardin autour d'un cottage; des rues non pas pavées avec des cailloux pointus comme la plupart des villes du midi; mais qui semblent avoir été battues et nivelées par Mac Adam lui-même, et partout, le long des maisons, des ruisseaux d'eau courante et limpide qui ne se taisent pas plus que les cascades du Grand Condé; et une promenade qui vous donne en plein midi et au milieu d'une cité populeuse la fraîcheur du bocage le plus retiré et le plus secret; et plus de vingt sources d'eau minérale qui jaillissent à gros bouillons du sein de cette terre échauffée par les plus doux rayons du soleil; et des établissements thermaux dignes des Romains, si ce n'est que dévots à ses Dieux autant que nous sommes devenus matériels, Rome adorait des Naïades où nous ne voyons que des fontaines, et construisait des temples où nous bâtissons des buvettes; figurez-vous, ensuite, dans ces rues, sur ces places, dans ces promenades, une population pressée, mosaïque mouvante, bigarrure singulière de mœurs, de langage et de costume, où les modes de Paris uttent quelquefois sans succès avec la simple et rustique élégance du justaucorps montagnard ; où l'habitué de l'Opéra coudoie le rude chasseur des plateaux de l'Aragon à peu près comme si un des deux pôles rencontrait l'autre dans l'espace ; enfin, représentez-vous cette scène dominée au nord par la flèche hardie et le gracieux campanile d'une église gothique ; tandis qu'à l'extrémité opposée s'allonge le pic du Midi, couché comme un sultan parmi les roches verticales qui se dressent tout autour de lui, trop éloigné, cependant, pour projeter ses grandes ombres sur la délicieuse vallée où Bagnères sourit et se joue sous l'azur de son beau ciel, n'empruntant à la montagne que sa fraîcheur et lui laissant sa majesté. »

J'ai été visiter la marbrerie de Géruset. Au milieu d'un enclos paré d'un semis de résédas, de balsamines, de belles de jour, de roses montantes, de mauves violettes et de soucis, que les reines-marguerites dominent de leurs couronnes variées, s'ouvrent de vastes ateliers où sont entassés des échantillons de tous les marbres des Pyrénées, travaillés avec une rare habileté, mais dans des vues industrielles.

A l'art dont la statuaire est la noble expression, il faut le marbre de Carrare.

Je me suis rendue au cimetière de Bagnères. Le dénouement suprême a toujours le secret de m'émouvoir, d'éveiller en moi de mélancoliques pensées.

Sénèque répondait à son ami : « La plus belle invention de la nature c'est la mort ! »

Cebès, ami de Socrate, lui demandait lorsqu'il avait déjà bu la ciguë, de quel mal il se félicitait d'être délivré : « De la vie, » s'écria-t-il.

Ceci est de la haute philosophie pratique, inclinons-nous !

Silence ! voici un convoi, suivons-le.

Beaucoup de chantres et de clergé, des hommes portant des lanternes de couleur, qui rappellent les confréries de l'Italie ; huit d'entre eux soutiennent un cercueil ; plus de cent hommes le suivent ; viennent ensuite beaucoup de femmes drapées sous de grands manteaux noirs qui les couvrent jusqu'aux pieds et leur donnent quelque ressemblance avec les pleureuses antiques ; tel est le convoi.

C'est une jeune fille qu'on porte en terre ! j'aime les petits cercueils comme j'aime les berceaux ; heureux ceux qui ne font que glisser à travers la vie et ne s'y arrêtent pas !

Une mère désolée s'avançait ; qui peut mesurer le vide que la perte d'un enfant laisse dans le cœur !

J'entre à la suite du cercueil sous les voûtes de la cathédrale. Là gît ce corps sculpté par la mort, glacé comme le marbre. La bière est déposée à terre, seule, toute seule, sur la dalle froide et nue, sans cierges, sans lumière, rien à l'entour ! Solitude qui répond à celle de la mort ! C'est bien là l'image de l'abandon où nous laissent famille, honneurs, titres, richesses, rien..... plus rien ;.... puis on descend la bière dans la fosse ; quelques pelletées de terre tombent sur le cadavre, lourd et sinistre bruit, le dernier qui se meurt avec l'homme ici-bas ! Nous n'emportons avec nous que nos œuvres et nous n'avons comme espérance que le regard clément du Dieu de paix qui nous attend !

Je rentre et je fais les vers que voici :

> Dans l'une des cités des monts Pyrénéens,
> Sur laquelle s'étend l'ombre des vieux Romains,
> Par un hymne de deuil tout à coup attirée,
> J'aperçois, s'avançant sous un ciel orageux,
> Suivi de tout un peuple ému, silencieux,
> Un mort dans son cercueil ! Une mère éplorée,
> Le cœur plein de sanglots et d'un pas chancelant,
> Vers la maison de Dieu conduisait son enfant,
> Son espoir et sa vie !... Une fille adorée,
> De ses joyeux seize ans, la veille encor parée !

Des hommes de tous rangs, sous des habits de deuil,
Des femmes rappelant les pleureuses antiques,
Se pressaient tristement autour de ce cercueil,
Et marchaient avec lui vers les sacrés portiques.
Des chants religieux s'élevaient dans les airs
Sous un ciel sillonné par le feu des éclairs.

Le cercueil, dans le temple, est posé sur la pierre,
Il est là, délaissé, chacun reste à l'écart :
« Te voici solitaire à l'heure du départ,
O belle enfant, immobile en ta bière !
Rien ne se dresse autour de ta froide poussière,
Sans cierges, sans flambeaux, sans le vain appareil
Qui déguise l'horreur du funèbre sommeil !

Et seule ensevelie en ton triste suaire,
Et seule, sous les plis de ton drap mortuaire,
Seule à jamais !... Pour toujours, tu t'endors
Dans le désert formidable des morts !

Que le ciel soit en feu, que la tempête gronde,
Tu dors du vrai sommeil après des ans bien courts !
Dieu t'a donc arrachée à la fange des jours !
Tu viens te reposer sous la terre profonde !
Plus de chagrins, de larmes, plus d'ennuis ;
L'éternité des jours ! l'éternité des nuits !

Heureuse enfant ! c'est ton corps seul qu'on jette
Dans ton linceul au fond de la tombe muette !
Ta jeune âme a franchi le seuil de sa prison,
Déjà tu vois briller le céleste horizon !

Heureuse mille fois, tu partis la première ;
Echangeant pour le ciel les rêves de la terre ;

Tu dis de longs adieux, des adieux sans retour,
A nos espoirs trompés, à nos regrets d'amour!

Vous qui dormez au fond de votre solitude,
Qui goûtez du repos l'entière plénitude,
Qui savez le secret insondable des morts,
Ah! pour vous, plus de pleurs, plus de sombres remords!
A l'ombre de vos croix, la plante desséchée
S'effeuille tristement, solitaire et penchée,
Mais plus de nuit pour vous; une vive clarté;
La lumière de Dieu dans l'immortalité!

※

Je me rappelle qu'à Naples je me disais : il y a donc épidémie sur les riches? Car à toute heure je voyais passer de grands convois. J'appris alors que le pauvre payait toute sa vie pour être enterré avec luxe après sa mort.

Le besoin d'effet outre-tombe convient aux vivants et non à ceux qui ne se voient point passer sur le lit de velours qui les porte.

A Bagnères comme à Naples le pauvre paye pendant toute sa vie afin d'être assisté pendant ses maladies, et pour être porté en terre avec un certain éclat.

Je ne sais si cette vanité est le chapitre le mieux raisonné du budget de ses dépenses.

J'ignore aussi s'il en est chez ces bons montagnards comme dans notre excellent pays où vivre vieux est presqu'un délit aux yeux des héritiers qui trouvent que c'est garder trop longtemps sa place au soleil. Il faudrait, selon eux, savoir mourir à propos, et cet à-propos assignerait souvent à l'existence une courte durée.

On vit toujours trop longtemps au gré de ceux qui viennent après vous.

« Ceci est brutal comme un fait! » aurait dit l'honorable Royer-Collard.

Je visitai l'Élysée Cottin, ravin ombragé et plein de mystère. C'est là que l'auteur de *Mathilde*, assise sur la pierre du chemin, venait rêver à loisir et écrire ses pages émouvantes, au murmure d'un ruisseau limpide; sa voix s'est tue, le ruisseau parle encore!

J'ai vu aussi ce qui reste de l'ancienne abbaye de l'Escale-Dieu. De ses murs saint Raymond, moine, passa en Espagne, en 1158, et il y fonda plusieurs couvents; avec l'aide de ses religieux, il défendit Calatrava contre les Maures. La terre qui fut rougie de son sang et de celui de ces martyrs héroïques, garde encore leur mémoire!

Adieu! Bagnères-de-Bigorre! nous voici dans la vallée de Campan, vallée arcadienne!

Nous partons avec le jour; la matinée est belle, le ciel est pur, l'air rempli de parfums printaniers, et la rosée étend sur les plaines ses beaux tapis d'argent.

Partout des jardinets entourés de haies vives, brodées de roses de Bengale aux vives couleurs, devant lesquelles pâlissent nos frêles roses du nord.

Le trajet sublime qui conduit aux Eaux-Chaudes, l'ascension à Cauterets, Gavarnie et ses merveilles, avaient fait revivre en moi bien des sensations que je croyais mortes, mais qui n'étaient qu'assoupies.

Que de voluptés pour l'âme et les yeux!

Après les grandes scènes des montagnes, viennent les vallées parées et divines avec un charme à part qui n'appartient qu'à elles. Et si les grands aspects vous conduisent à admirer Dieu, les vallées fertiles nous apprennent à le bénir.

De tout ceci, hélas! il me reste une idée pénible ; est-ce ma faute, à moi, si je prends toujours le côté triste des choses? Oui, tout finit, la vie elle-même passe rapide... Et que nous faudra-t-il pour arriver à la fin de tout? de grands événements? de grandes péripéties?

Non, des heures et des jours. Une succession non interrompue de matins et de soirs! On passe par cet âge où l'on puise encore quelque bonheur aux sources presque taries de la jeunesse, puis on en arrive à tout quitter, comme demain je dirai adieu à ces montagnes, à ces vallées! Quel néant que celui des choses d'ici-bas! Et pourtant le cœur de l'homme s'y attache, s'y cramponne; il veut tout avoir comme s'il devait tout garder!

Nous avons déjà rempli bien des pages d'un herbier; après être rentrée à Paris, dans l'inexorable rail de ma vie, je sais que j'aimerai à revoir ces fleurettes, poussées dans tous les climats, sous des soleils si divers.

J'ai des boutons d'or, des œillets sauvages, des graminées, la violette biflore, des bruyères purpurines; que ces plantes sont heureuses! Elles naissent, vivent et meurent selon la loi qui leur est assignée; elles poussent fortes et sans entraves, sous l'œil de Dieu! Je me reprochais presque de les cueillir; sans moi, ces fleurs eussent vécu leur vie, elles se seraient réjouies au soleil, reposées à l'ombre et rafraîchies sous les rosées!

Je ne sais si l'on trouve ici, comme dans les Alpes, le rhododendron qui étale sa belle fleur; mais j'ai rencontré dans les Pyrénées la parnesia, la gentiane bleue, le myosotis aux petites étoiles azurées, qui toutes escaladent bravement les monts pour les embellir.

Bien des bouquets m'ont été offerts et j'ai gardé une seule fleur de chacun d'eux, qui a pris sa place dans l'album des souvenirs.

Je passe et je vois dans un des jardinets de la vallée une belle rose solitaire ; je lui adresse ces mots auxquels elle veut bien répondre :

> Je dis un jour à la rose en rêvant,
> Que fais-tu là, toi, des fleurs la plus belle?
> Dans ce désert pourquoi jeter au vent
> Le beau carmin qui sur ton front ruisselle?
> Ne ferais-tu pas mieux d'en parer la beauté,
> Lui livrant ton parfum dans sa suavité?
> Pourquoi rester l'enfant d'un ciel bien froid, bien sombre?
> « Pourquoi? répond la fleur, mais je me plais à l'ombre.

> « Mais qui donc, dis-le-moi, rend ton front si vermeil?
>   « Un simple regard du soleil,
>   Je suis heureuse; dit la rose;
>   A l'abeille j'offre mon miel!
> « Quelle est donc la main qui t'arrose ?
>   « Une larme du ciel ! »

Je fus satisfaite, la fleur a raison! heureux qui naît, vit et meurt oublié !

« Les Dieux n'ont fait que deux choses parfaites, la femme et la rose. » Le sage qui l'a dit est bien le plus galant des philosophes. Je suis assez de son avis; entre Ève et la rose du Paradis terrestre, qui oserait se prononcer ?

Cependant, je connais certaines femmes qui ne sont pas les sœurs de la rose, d'où je conclus que cette galanterie n'est pas d'une application générale.

Comme je sympathise avec la nature, j'étudie avec délice jusqu'à un brin d'herbe, je m'enivre du parfum des fleurs; ne semble-t-il pas qu'il y ait en elles un peu de cet idéal qui se glisse dans les tristes réalités de la vie pour les poétiser?

Le fleurs sont vraiment une des joies de la terre!

CHAPITRE XIV

Vallée de Campan. — La chaumière. — Col d'Aspin. — Arreau. — Vallée de Louron. — L'amour. — La foi. — Les pauvres.

Elle est délicieuse, cette vallée de Campan ! Dans ses prairies bordées d'aulnes, de gros noyers, c'est une corbeille de verdure et de fleurs.

L'Adour se joue dans les prés ; on entend de tous côtés la clochette argentine, le bêlement des troupeaux et la chanson des pâtres ; c'est une églogue virgilienne !... Les oiseaux voltigent de branche en branche et les papillons se poursuivent, avec des façons assez amoureuses ; les enfants sortent des chaumières pour dénicher les rouges-gorges dans les ronces des haies, ces cruels innocents ! N'est-il pas triste de voir à terre des petits œufs gris, brisés à côté du duvet des mères ?

Ces enfants nous envoient des baisers et des fleurs en nous souhaitant un bon voyage !

Les habitants de cette vallée sont heureux ; que leur manque-t-il ? Ils respirent un air pur, le ciel leur sourit, la terre leur est généreuse ! Il y a sans doute, ici, du bonheur et de l'amour ! C'est la vie, la vie avec tout ce qu'elle a d'attrayant. Il en est ainsi pour le touriste qui traverse la vallée, par une belle journée imprégnée de pénétrantes senteurs. Monts superbes ! ciel splendide !

Mais viennent les hivers avec leur vêtement de neige ; où vont la douce et intelligente fauvette, les divins rossignols ? Ces papillons, vivantes pierreries, où vont-ils ? C'est alors que l'homme retrouve la chaumière bénie, l'humble foyer autour duquel la famille se presse pour se réchauffer au feu pétillant de genevrier, et pour entendre conter les légendes de la vallée. Et puis le printemps ne se fait pas attendre, le voilà ; c'est fête partout, la fête de la terre ; tout reprend une vie exubérante et rapide... Jouissez, tout passe, jeunesse et printemps ! oui, le voilà l'immortel, le voilà ; il revient, il balaye les neiges, reverdit les plaines, sème les bourgeons comme autant d'espérances ! Il peint l'aile des papillons de ses mille couleurs, donne à la fleur une sève nouvelle, fait revivre la vigne, fleurir l'espalier ; il fait chanter l'oiseau, réchauffe les cœurs, et l'amour revient sur ses brises... Encore une fois, jouissez, vous les heureux de la terre, jouissez, tout passe : jeunesse, printemps et amour!...

Pauvres gens de la vallée, quelle félicité est la vôtre! Peut-être le savez-vous, car vous adorez vos montagnes, vous y êtes nés, vous voulez y vivre et y mourir!

Belle vallée de Campan! la végétation y est luxuriante, les maïs y atteignent la hauteur des arbres. J'aime ces grands nuages blancs qui ondulent autour des monts et descendent en écharpes flottantes jusqu'à leurs pieds.

J'entre dans une chaumière : un vieux lit de chêne se cache sous des rideaux à fleurs. Ses bons habitants ont un air de joie paisible; quatre marmots se roulent à terre ; une jolie fille caresse une chatte magistralement assise dans les cendres. J'adresse la parole à l'enfant, ses joues se colorent; c'est le charme de cet âge de rougir au moindre mot.

En sortant, je dis à notre conducteur : « Ces filles me paraissent bien innocentes, bien sages; on ne voit pas, sans doute, ici, comme on en rencontre trop souvent dans les grandes cités, des accidents avant le mariage?

« Elles y sont fort sujettes, » me répondit-il, avec le plus grand sérieux.

Là s'arrêta l'entretien.

Le château d'Aspe, qui aujourd'hui n'est plus qu'une ruine, appartenait aux Grammont d'Asté. C'est là que Henri IV allait voir la belle Corisandre de Mauléon.

Je n'ai rien rencontré dans les Pyrénées de plus saisissant, si j'en excepte Gavarnie, que la contrée que j'ai traversée aujourd'hui.

Nous faisons l'ascension du col d'Aspin pour nous rendre de Bagnères-de-Bigorre à Bagnères-de-Luchon.

Je crois voir, dans ces sites sublimes par leur sauvagerie et leur incommensurable grandeur, mes propres rêves réalisés par la nature qui, devant moi, se déploie en scènes grandioses et émouvantes.

Représentez-vous un entassement de montagnes qui dressent leurs cimes altières dans les nuages et forment une chaîne immense, dont chaque anneau est un mont gigantesque ; chaîne qui se développe à l'infini et ferme l'horizon. Quelques sommets plus audacieux reluisent sous des neiges roses et ombrées.

Ce spectacle m'a paru tellement splendide qu'il me

semble que je n'ai rien vu, dans les Alpes helvétiennes, qui éveillât mieux mon admiration.

Je suis émerveillée, fascinée, et je m'écrie : « Non, non, les Alpes n'ont rien de plus beau, rien de plus grand ! »

Nous gravissons la montée la plus pénible, sous l'ombre épaisse d'un bois de sapins blanchis par les âges, brisés ou noircis par la foudre. L'hiver ils sont vêtus de neige, et le printemps ne les renouvelle pas. Famille de géants qui compte plusieurs siècles, les uns ont perdu leurs têtes, les autres leurs bras, dans les combats que leur livrent le temps et les orages. Malgré les neiges, les vents, les tempêtes, l'avalanche des hivers, ces fiers débris restent debout, vrais titans séculaires et formidables !

Arrêtons-nous, que nos yeux s'attachent encore une fois à la vallée qui fut notre point de départ. Quel amphithéâtre de monts altiers ! Çà et là des pins superbes croissent, vivent et meurent inconnus ; la voix du vent s'engouffre dans leurs branches ; un sifflement aigu et intermittent se fait entendre : tel le mugissement des flots, tel le cri de la mer, de la mer qui se plaint toujours !

Tout à coup, cesse pour moi la solennité des ténèbres de

ces pins touffus, et je suis éblouie! Le soleil se lève triomphant; ses rayons oscillent et étincellent de toutes les couleurs de l'iris; des flots de lumière illuminent cette scène pleine de magie! Soleil splendide, rayons d'argent et d'or, pyramides couronnées de neige, je vous admire, je vous salue!!!

Ces monts, ces cieux, où l'aigle vit en roi; ces rochers éternels, ces forêts impénétrables sont bien la patrie de mon intelligence!

Le beau est l'expression la plus élevée de la vie divine, de même que le sentiment du beau est l'expression la plus élevée de la vie humaine. Heureuse, mille fois heureuse l'âme contemplative, mariée, unie, pour ainsi dire, à l'éternel spectacle de la nature, qui trouve dans cette union intime les plus pures émotions, qui l'étudie de l'œil et de l'esprit, dans sa constante immobilité, qui vit près d'elle et en elle! Splendeur des lignes, singularité des accidents, effets piquants de lumière, tout est jouissance pour l'âme qui aime et comprend la nature.

Je ressens en moi une admiration vive et sérieuse qui m'oppresse; l'homme et le temps n'ont modifié en rien cette nature immuable et sublime!

Muse de la poésie, viens à moi! sentiment de l'éternelle beauté, splendeur du vrai, joie mystérieuse, rayon qui dissipe les nuages, versez sur moi votre lumière, inspirez-moi ! Je ne suspendrai pas mon luth aux saules du fleuve ; je chanterai et je m'écrie :

O quelle immense solitude !
De ces monts éternels, les grands entassements,
Des mains de Dieu sortis, ont traversé les temps,
 Sublimes en leur attitude !

J'entends au fond des bois touffus,
Alors que de la nuit s'étendent les ténèbres,
Dans tous ces monts altiers aux plis noirs et funèbres,
 Des rumeurs et des bruits confus !

Écoutez les foudres tonnantes
Qui, d'échos en échos, vont traversant les airs ;
Elles ouvrent au ciel le sillon des éclairs
 Que reflètent les eaux dormantes.

Grand Dieu ! quel éclat et quel bruit
La foudre va grondant, illuminant les cimes,
Et le torrent fougueux mugit dans les abîmes :
 Double effroi pour la sombre nuit.

S'attachant au roc qui surplombe
Le gouffre que notre œil ne sonde qu'en tremblant,
Le pin audacieux, ébranlé, va croulant,
 Et sous l'effort du vent il tombe !

Qu'avez-vous fait, siècles et jours ?
Vous n'avez pas changé, sommets hautains et mornes !
Vous, neiges et glaciers, voici vos blocs énormes !
 Torrents, vous bondissez toujours !

> Défilés où le jour se voile
> Dans le sombre infini de ces monts, de ces lieux,
> A peine si le soir, sur vos flancs ténébreux,
> Perce la lueur d'une étoile !

Nous cheminons. L'œil est effrayé par les coupures des rochers à pic, par des ponts tremblants jetés sur les abîmes. Et pourtant ce sont là des heures d'extase qu'il faudrait garder au fond de soi à moins qu'on ne crée une langue qui se prête à de pareilles descriptions.

Là se dressent encore sur le roc le pin, le cèdre, le chêne au cœur d'acier, aux bras noueux qui ont plus d'un siècle et qui ne sont pas près de finir. Ils vivent et l'homme meurt ! Combien de générations ces vieux témoins du temps ont-ils vu s'éteindre ?

Arrivés au sommet de la montagne, à ces hauteurs inaccessibles, le regard plonge dans la vallée d'Arreau. A la vue de ce vallon, assise sur la pierre du chemin, et revoyant, dans ma pensée, les champs fortunés que j'ai parcourus le matin, je dis :

> Voici la riante vallée,
> Les collines, les champs, les prés verts, le ciel bleu,
> Les blés et les maïs, croissant sous l'œil de Dieu,
> Au doux regard de la voûte étoilée !

Le soleil a pris son essor,
Puis au versant des monts, le pâtre, sous les branches,
Verra ses beaux troupeaux, brebis et chèvres blanches,
Bondir au feu des rayons d'or !

Oui, Dieu sema de douces choses
Au fond de ces vallons, dans les prés, dans les champs,
Si richement dotés de ses plus beaux présents,
De l'éternité de leurs roses.

Et l'oiseau chante à demi-voix ;
Il bénit, au matin, l'indulgente nature ;
Car elle sait donner à toute créature
L'eau du ruisseau, l'ombre des bois.
Aiguilles au ciel élancées,
Noble splendeur des monts et rumeurs du torrent ;
Que fit donc l'Éternel de plus beau, de plus grand ?
Vers lui montez, ô mes pensées !

L'immensité dans la nature n'en exclut pas le charme ; quelle grâce dans les prodigieuses ondulations des montagnes ; pour moi quelles heures bénies !

Nous abordons la descente la plus rapide; la route sans rebord cotoie l'abîme; notre voiture jetée d'un côté, puis d'un autre, reprend difficilement son équilibre; je me retrouve ce que je fus toujours, insoucieuse devant le danger.

Ces monts sont semés de vaches, de troupeaux ; le jeune pâtre qui leur montre le chemin, marche d'un pas ferme sur le rocher tandis que le chien attentif veille sur les brebis commises à sa garde. Le loup vient-il à attaquer une pauvre vache solitaire ; elle appelle, en beuglant, toutes ses sœurs de la contrée, et du plus loin que celles-ci entendent son cri de détresse, elles accourent pour lui venir en aide. Dès qu'elles sont réunies, elles forment un cercle et placent au centre les jeunes génisses, incapables de se protéger elles-mêmes ; elles les entourent et font bonne garde. Si le loup revient, en cas d'attaque, elles les défendent vaillamment.

∗∗∗

La vie de l'ours dans les montagnes est celle du sage retiré des affaires de ce monde. Avec le jour, sorti de sa tannière, il regarde le temps qu'il fait, se remet en campagne ou retourne sur ses pas. Il court s'il est pressé, et marche lentement s'il a du loisir. Il s'arrête, pense, analyse, compare, dîne et soupe selon la circonstance, et arrivé aux plans de fraisiers, il y prend son dessert. C'est mon guide qui m'instruit des mœurs de ces solitaires qu'il rencontre souvent, me dit-il.

Ce récit ressemble fort à celui qui me fut fait à Cauterets. Heureux personnage, l'ours n'a qu'une seule et même réputation, tandis qu'il y a des gens qui en ont cinq à six, sans avoir celle qu'ils méritent.

En cheminant, je demande à mon guide : « Ici, avez-vous des oiseaux ? » Il reprend avec un air de mépris : « Des oiseaux ? non ; mais nous avons des aigles ! »

***

Arrivés à Arreau, nous sommes ensevelis dans le pli le plus profond de la vallée, véritable retraite que l'on croirait au bout du monde.

A l'entrée de la ville (quelle ville, grand Dieu !) je trouve une chapelle avec cette inscription :

« Notre-Dame-de-Bonne-Rencontre priez pour les voyageurs ! »

Nous entrons dans l'auberge avec une résignation souriante.

Que je suis loin, au milieu de ces chambres froides et dénuées, de mon oasis parisienne !

Eh bien! j'aime cette vieille maison, noire, usée, dans sa vétusté et son abandon. Fondée sur des pierres grossières, une galerie couverte, ornée d'une balustrade de sapin découpée, règne à l'entour. Avec son escalier extérieur, ses fenêtres bordées de plomb, elle me rappelle les hôtelleries de certains cantons de la Suisse.

Lorsque le soleil baisse et pense à se coucher, il m'est impossible d'exprimer ce qui se passe en moi, de douloureux, d'amer! Ainsi que je l'ai dit, j'appelle cette impression « *Mon mal du soir;* » il est profond!... La soirée s'avançait, elle se remplissait pour moi de réminiscences fâcheuses. Que de chagrins passés qui étaient en route pour me revenir! Je me sentais dans une de ces heures les plus désenchantées de ma vie. La nudité du lieu, la tristesse des ténèbres, me firent songer à tout ce qui souffre ici-bas. J'entendais le cri universel de l'humanité, la malédiction du prisonnier sous sa chaîne, les sanglots de la mère qui manque de pain pour ses enfants, la plainte non comprise du pauvre honteux, lamentable concert que l'homme n'entend pas, et que Dieu seul écoute! La vie humaine est un triste drame, éternellement joué par les mêmes acteurs; c'est un grand champ de bataille, où ceux qui ne sont pas tués, sont au moins blessés. Je refusai de descendre pour le repas du soir; là quelque revenant me serait apparu comme l'ombre de Banco à la table de Macbeth!

Telle est ma vie; une succession non interrompue d'éclairs et de sentiments exaltés; puis une certaine prostration de l'âme qui, quoique ses défaillances soient fréquentes, se relève toujours!

Enfin, enfin, je rassemblai mes forces, et cherchai à conjurer le douloureux rêve qui, quoique éveillée, pesait sur moi, et j'en étais là, lorsque le son bienfaisant d'un piano arriva à mon oreille. Ce fut à cet instant la harpe des séraphins, le luth du prophète, la lyre des archanges! Je sors précipitamment de ma chambre, et j'avise dans la pièce voisine un piano d'Érard. La main qui venait de le toucher, n'était plus là. J'avoue qu'il me prend une envie folle de promener mes doigts sur le clavier ouvert; car pour moi, chanter c'est parler encore. Que de choses j'ai dites avec des sons! Confidences mélodieusement exprimées, qui seraient restées sans ce langage, ensevelies au fond de mon cœur!

Je questionne et j'apprends que l'heureux possesseur de ce piano est le garde général des forêts que je viens de traverser, M. de Saint P***; j'exprime le désir de l'entendre; il souscrit à ma demande, et joue du Weber, du Beethoven, avec sentiment; il m'engage à chanter; je chante, il chante, nous chantons!...

Puis, je rentre chez moi, et j'écris ma journée: « Arreau, solitude gracieuse, contrée rayonnante et recueillie. » Sans cette circonstance, le portrait de la petite ville eût été rembruni et douloureux peut-être! Croyez après cela invariablement au récit des voyageurs? Un Anglais qui descendait pour une heure à Calais, écrivit : « Toutes les femmes de France sont rousses, » parce que la servante de l'auberge, la seule femme qu'il eût vue, avait les cheveux de cette couleur.

Le soleil se lève, il faut partir! Chaque jour, hélas! est donc marqué par un adieu!

J'ai beaucoup marché, beaucoup vu, beaucoup senti ; j'ai presque fait le tour de tous mes rêves et de ma vie, et j'ai cru remarquer qu'il y a pour l'homme deux genres de tristesse. La jeunesse sourit à l'amour, ce brillant inconnu, elle veut du bonheur *en grand*, et s'attriste de ne point l'atteindre. Plus tard vient avec le déclin des ans l'exacte connaissance des choses et le sentiment qui les fait apprécier à leur juste valeur. Si un calme apparent se pose sur les fronts que le temps a flétris, on n'est pas plus heureux, seulement on est plus résigné.

Ce n'est jamais sans un grand serrement de cœur que je quitte les lieux que je ne dois plus revoir ; c'est presque se séparer des amis que l'absence ou la mort peuvent nous enlever.

Six heures sonnent, nous voici en route pour atteindre Bagnères-de-Luchon.

Je n'essaierai pas de décrire les admirables sites que j'ai parcourus durant le jour. Il faudrait employer tant et tant de superlatifs que l'abus en deviendrait fastidieux; et comme il me serait impossible de faire passer dans l'âme de ceux qui me lisent, mes émotions vives et pénétrantes, je les envoie aux Pyrénées.

Nous cotoyons le *Gave de Louron*, celui qui se jette dans la Garonne. Quelle jolie rivière, avec ses reflets moirés, avec ses guipures d'argent! C'est un miroir au fond duquel on compterait les cailloux et les herbes.

Nous entrons dans la vallée de Louron, riante, féconde, où la population est occupée à la fenaison. Les gazons sont frais, odorants, élastiques; à côté du thym, les cloches bleues de la gentiane, la blanche anémone et la parnésia s'y épanouissent.

Le soleil éclaire de mille feux les cimes neigeuses et la vallée. Vive le soleil, ce sourire de Dieu à la terre! Partout des villages adossés aux montagnes, et toujours un clocher pour les protéger. J'entendais les cloches lointaines des églises, l'*angelus* du matin, de midi et du soir, voix d'airain, voix de l'air qui parlent du ciel!

Tous ces hameaux assis sur des plateaux de pelouses vertes, ont un caractère bocager; gais villages, monts superbes, oasis voilées dans la verdure, je me disais : « Pourquoi, mon Dieu! ne point vivre là; loin du luxe effréné de Paris, loin de la province où l'on trouve encore quelques grands noms avec de grands préjugés et de grands orgueils; restons ici! » Illusion!

Cette vallée de Louron est délicieusement belle.

Arrivés au milieu de la montagne, nous avons atteint la patrie des troupeaux : vaches, brebis, chèvres, mulets, chevaux y prennent leurs ébats, sur de beaux tapis de velours brodés de paquerettes; ils sont gardés par des pâtres oisifs, ces rois fainéants de la vallée.

Après une longue ascension, nous touchons au point culminant de la montagne. Nous rencontrons, chemin faisant, des Espagnols fièrement campés, avec vestes de velours, guêtres de cuir; le foulard rouge noué sur la tête, et le chapeau aragonais au triple pompon.

Hélas! le voyage s'avance, et j'eusse voulu rencontrer sur le chemin quelque histoire bien touchante, mais vraie, avant tout...

J'ai demandé souvent aux indigènes: N'auriez-vous pas à me faire un intéressant récit où l'amour jouerait le premier rôle. Mais, grâce à ma position d'étrangère et d'inconnue, lorsque je prononçais le mot *amour* passablement usité ailleurs, on me considérait avec un air de surprise inqualifiable. Pourquoi donc étouffer dans un silence de pruderie, niaise ou affectée, cette note qui vibre dans toutes les âmes? N'est-ce pas la note sensible, la note universelle, la note de l'éternelle vérité? Je ne conclurai pas de ce silence (sans doute me suis-je mal adressée), que ce sentiment soit un hôte inconnu à la contrée. L'amour est de tous les temps et de tous les lieux; c'est le soleil du cœur, c'est l'âme de la vie! Qu'est-ce que l'existence humaine avant de le connaître? L'attente du bonheur! Qu'est-elle, lorsqu'on ne le ressent plus? Une survivance où l'on vit sans vivre; car on porte un mort dans sa poitrine... son cœur!

Et le premier amour, cette fleur charmante qui ne s'épanouit qu'une fois, ne trouve-t-on pas en lui le profond oubli de tout le reste? Lorsqu'on s'est dit ses songes, ses ivresses, ses chimères, ses regrets, ses espoirs, que de choses encore à se dire!... On s'est dit tout, excepté tout! Et ce nom que les femmes ne nomment jamais, son nom à lui... c'est lui!

Est-il un être qui ne se soit senti troublé par un simple sourire, qui n'ait jamais tremblé au son d'une voix aimée? Quel est-il celui qui n'eût pas volé au bout du monde, rien que pour un serrement de main ou pour ramasser une fleur séchée sur le sein de la femme qu'il aime ?

Peut-être les femmes seules comprennent-elles ce qu'il y a de divin dans un premier amour ! Seules, aussi peut-être, sentent-elles que cet amour éteint, on vit, parce qu'on doit vivre, ou plutôt parce qu'on achève lentement de mourir !

Quentin Mezzio, le forgeron d'Anvers, adore la fille d'un peintre, et pour s'en faire aimer, il devient le plus grand peintre de la Flandre. Quel maître que l'amour ; il apprend toutes choses !

La philosophie française du dix-huitième siècle semble avoir donné à l'égoïsme la place du sentiment. Voltaire, Helvétius, Diderot, Chamfort, saisirent sur le vif la dernière pulsation de l'agonie d'une monarchie expirante, et il semble qu'ils ont aussi assisté aux funérailles de cette passion, éternel vertige du cœur, passion immortelle qu'on nomme amour ! Mais leurs attaques ne triompheront pas de ce sentiment, qui est et sera toujours le plus puissant mobile de l'héroïsme !

Il y a une foi profonde chez ce peuple des montagnes ; le sentiment religieux est inné dans le cœur des gens simples ; la prière est pour eux un besoin, une conversation avec l'invisible. Ils parlent à Dieu qui leur répond, ils croient et ils aiment.

Les privilégiés de ce monde pourraient, à la rigueur, se passer de paradis, mais Dieu ne le doit-il pas aux pauvres d'ici-bas ; sans cela, où serait sa justice ? Comment expliquer l'inégalité des conditions si le grand jour de l'égalité éternelle ne venait pas à luire ? Souffrir sur la terre, sans récompense là-haut, pourquoi naître, alors ? La vie humaine ne serait, dans ce cas, qu'une sanglante ironie ; naître, souffrir, mourir sans renaître, grand Dieu ! où serait votre équité ?

Les uns ont été créés pour les labeurs de la pensée, les autres pour le travail des mains. Comme nous l'a dit le jeune poëte Guérin : « Un jour viendra où tous les hommes de peine de la société, montreront à Dieu leurs mains noircies et calleuses, crevassées par le manche de leurs outils, et lui diront : « Seigneur, qui avez dit : heureux les pauvres et les humbles, nous voici ! »

Et ils auraient plus le droit d'être écoutés que cette grande dame quand elle disait : « Dieu regarde à deux fois pour damner des gens tels que nous ! »

Non, le créateur de toutes choses n'a pu faillir à son œuvre et lorsqu'on voit l'harmonie des mondes, l'économie des sphères célestes, lorsque la science affirme que dans la création tout a son but, tout a sa fin, n'y aurait-il donc que le sentiment inné au cœur de l'homme, la soif d'un avenir, qui n'aurait pas sa réalisation? Ce serait l'unique inconséquence faite par le grand régulateur des sphères célestes et des destinées humaines. Erreur ou folie!

CHAPITRE XV

Bagnères-de-Luchon. — Cascade du Lys. — Chanteurs des montagnes. — Saint-Bertrand de Comminges. — La Chaumière. — Retour.

La descente est des plus rapides jusqu'à Bagnères-de-Luchon.

Nous avons décidément de bons chevaux, très-valeureux; nobles bêtes, qui jusqu'ici n'ont pas fait le plus léger faux pas. Mais comme il est écrit qu'il n'y a pas de bon cheval qui ne bronche, l'un des nôtres vient à s'abattre. Notre conducteur est jeté de son siége; il se relève et y remonte prestement; nous pouvions être précipités dans l'abîme; il était là, béant à nos pieds.

Quelle journée; elle passe comme un rêve! Les horizons sont noyés dans des teintes vaporeuses; l'air est d'une pure transparence; je vis dans un bain tiède et bleu. Quelle harmonie, quelle suavité ineffable! Mes yeux sont éblouis des clartés qui les inondent; c'est comme dans un grand concert où l'on se sent enveloppé d'harmonie!

Non, non, rien ne peut rendre la sublimité des montagnes vues dans la profondeur d'un ciel sans nuages.

Sur la route, partout des bœufs au front baissé, habillés de toile, attelés à de légers chars pesamment chargés, et aussi primitifs et aussi gaulois que possible.

La vallée de Luchon est admirablement belle. Elle s'étend entre des montagnes qui ne l'emprisonnent ni ne l'écrasent.

Ici je trouve assez d'air pour pouvoir respirer. Luchon est un large boulevard planté d'arbres et bordé d'hôtels. C'est une ville; je l'admire... mais j'aime mieux Arreau dans son dénûment. Je n'appelle jamais plus le silence qu'au milieu du bruit, et l'obscurité qu'aux lueurs du gaz.

Bagnères-de-Luchon, à laquelle pourtant je rends la justice de la nommer, avec tous, « la Reine des Pyrénées, » m'a laissé fort à désirer; car j'y ai retrouvé Paris en pleines montagnes, et lorsque je quitte la grande ville, je veux la nature vraie, sans fard, sans parure, pour me reposer d'une vie toute de convention; car Paris est bien la ville du monde où ce que l'on pense ressemble le moins à ce que l'on dit.

Bagnères-de-Luchon s'élève au confluent des vallées de la Pique et de l'Arboust, adossée à la montagne, au milieu d'une plaine couverte des plus riches cultures.

Les Romains lui avaient donné le nom de *Balneariæ Aquæ Lixoncenses* (eaux thermales de Lixon).

« Quoique protégée par son isolement, cette ville, dit M. Frédéric Soutras, dut se ressentir des terribles assauts que la Barbarie livrait au monde romain et dont les contre-coups se faisaient sentir des extrémités de la Gaule aux extrémités de l'Italie.

» La terre recouvrit probablement alors les édifices élégants et solides à la fois où la Naïade versait son onde dans des bassins de marbre. Après la retraite des Barbares, de chétives cabanes, construites par les habitants du pays, s'élevèrent sans doute sur les débris des thermes; insensiblement un bourg se forma; mais les montagnards seuls vinrent demander la santé à ces sources salutaires où avaient afflué jadis les élégants chevaliers de Rome, où se pressent aujourd'hui, confondues dans un brillant pêle-mêle, toutes les illustrations, toutes les élégances et toutes les gloires de la France. »

Cinq vallées aboutissent à Luchon : l'allée d'Étigny

est tout Bagnères ; mais comme l'élégance, le confort et le luxe parisien y jurent avec le grandiose de la nature !

Décidément, ce qui manque aux Pyrénées, ce sont les lacs, les fleuves, les cascades. Le Gave se met en cent pour nous plaire et n'y arrive qu'à demi. Quel est ce torrent ? le Gave. Quel est ce fleuve ? le Gave. Quelle est cette rivière ? le Gave. Il a beau se déguiser, apparaître sous toutes les formes, s'appeler ici : le Gave de Pau, là, le Gave de Louron, etc., etc., c'est éternellement le Gave.

Aujourd'hui, je suis allée à la cascade du Lys. J'y ai été conduite par un fou qui m'a fait faire, montre en main, onze kilomètres en quarante minutes. Il ne marchait pas, il courait ; il ne courait pas, il volait !...

Le chemin sablé de rochers, fait mille détours ; il surplombe le torrent dont le lit est profond. Les tournants sont multipliés et dangereux. Mon conducteur part avec la rapidité de la flèche et se joue insolemment de tous les obstacles. Cet homme venait de faire la campagne d'Italie ; il m'a traitée en fille de l'Autriche. Sa voiture est une manière de *dog-cart* fait pour rompre les os. J'accomplis cette course dislocante pour voir quoi ? Une cascade du dernier ordre, un vrai filet d'eau qui tombe et s'écoule sans bruit.

Cette cascade du Lys ne vaut pas beaucoup mieux que celle du bois de Boulogne, quand elle met un peu de bon vouloir à nous donner ses eaux.

Je me suis convaincue, une fois de plus, que l'eau manque aux Pyrénées et que, sous ce rapport, elles sont inférieures aux Alpes.

Mais il ne faut pas se mal quitter, ce ne serait pas de bonne politique ; car on peut se revoir encore. Sans doute, les montagnes ne viendront pas à moi ; mais je puis retourner aux montagnes.

Enfin, j'emporterai des Pyrénées de riches souvenirs pour l'esprit, de bien grandes images pour les yeux.

Dans le défilé qui mène à la cascade du Lys se dresse une vieille tour romaine. Mon automédon, qui me paraît, malgré sa vélocité, encore meilleur conducteur que parfait historien, m'assure qu'elle servait aux Romains pour placer leur télégraphe électrique : « On apprend toujours quelque chose, » disait le sage Solon.

En 1718, cette tour servit de forteresse aux montagnards pour repousser les Aragonais qui furent précipités dans les eaux du Gave.

Si je redevenais jeune, que ferais-je ? A peu près le contraire de ce que j'ai fait. Que de gens, s'ils étaient de bonne foi, en pourraient dire autant !

Je débuterais par de longs, d'interminables voyages ; j'accomplirais trois fois le tour du monde, emmenant à ma suite un savant, un naturaliste, voire même un philosophe afin que mes explorations portassent leur fruit.

Mais à quoi servirait de tracer ici le programme de l'emploi de ma vie ? Arrêtons-nous-là, prenons le temps comme il est, hélas ! Tous les retours de la pensée vers un passé qui ne peut revenir, sont amers.

N'ai-je pas aujourd'hui le premier de tous les biens, la liberté ? Cette liberté qu'on appelle à grands cris, et devant laquelle parfois on recule ? Cette liberté, véritable ironie, qui souvent vient trop tard pour qu'on ait quelque chose de bon à en faire ! Suprême indépendance, que d'autres appellent divine liberté quand parfois on aimerait mieux toutes les tyrannies !

Je loge à Bagnères-de-Luchon, chez Bonnemaison. J'ai devant les yeux de hautes montagnes boisées ; au fond le mont Venasquez, tantôt éclairé et brillant, tantôt sombre et triste. La lune dessine dans un ciel d'azur, dans un ciel de Naples, sa faucille d'argent pure et déliée.

Plus loin, à l'horizon, des montagnes grises dont l'aspect n'a rien de sauvage; les plantes pullulent sur les rochers.

Lorsque je suis lasse d'admirer, je prends un livre sérieux. Que de secrets Gutenberg a révélés à un monde nouveau! Ne semble-t-il pas que l'histoire renaît avec l'imprimerie? Les progrès des arts, des sciences et des lettres sont lents, c'est l'œuvre du temps.

J'en étais là de mes réflexions, lorsque dans l'hôtel résonnèrent force pianos. J'entendais le *clapotis* d'instruments qu'Érard, ni Pleyel n'eussent certes pas voulu signer. Ce *pianotage* croissait d'heure en heure; l'un de ces virtuoses recommençait vingt fois le même passage avec une constance digne d'un meilleur sort.

A propos de l'abus du piano, que les Hollandais ont d'esprit! Qui s'en serait douté, me dira-t-on? Je soutiens le paradoxe, et pour preuve, je dis que chez eux, l'usage quotidien du piano est interdit. On y respecte la loi du silence. Les serins mettent une espèce de sourdine à leurs voix, et les chiens y aboient plus bas que partout ailleurs. Les Chartreux hollandais sont de vrais épicuriens.

Savez-vous, lecteurs, ce que je trouve à Bagnères-de-Luchon ? Ce qu'on rencontre ailleurs et partout, *Polichinelle* tout pareil au type des figurines égytiennes, aussi vieilles que les Pyramides.

Malgré cette agréable rencontre, j'ai dû quitter Luchon où j'eusse pu faire des excursions intéressantes ; la pluie me chasse, le temps me manque.

Je m'arrête à Cuip. Me voilà établie pour la nuit dans un triste gîte. Le dîner est à l'avenant du logis. Mais j'ai des fraises des montagnes et de belles fleurs agrestes ; que me faut-il de plus ?

Au moment où j'achève mon modeste festin, j'entends des voix qui chantent d'accord et en parties. Je fais prier ces exécutants, tous jeunes gens des montagnes, de venir chanter sous ma fenêtre, ce qu'ils acceptent avec courtoisie. Ces chants me rappellent une soirée à Venise. Ma noire gondole, cercueil flottant, s'élançait dans le sillon d'une barque harmonieuse, où des voix pleines et sonores disaient les motifs d'*Obéron* et de *Parisina*. Les chœurs de la *Fenice* mêlaient leurs voix au souffle des brises.

Nonchalamment étendue sur les coussins de ma gondole, j'effleurais les escaliers de marbre des vieux palais, qui découpaient sur le ciel leurs dentelles de pierres aux festons mauresques. J'avais passé devant ces bouches de fer toujours ouvertes pour recevoir les délations, au pied de ce pont des *Soupirs*, qui menait au cachot, puis à la mort; et là, au fond des Pyrénées, par un de ces rêves qui ne me coûtent rien, je me voyais couchée dans ma gondole tendue de noir, avec ses glaces à bizeau, parée à sa proue de l'image de saint Georges, pour lequel Giovani, mon gondolier, professait une dévotion particulière.

Je croyais entendre son cri guttural, lorsqu'au détour des canaux, debout sur l'avant, il disait :

> Al chiaro di luna
> Andare in laguna, etc.

Toute cette fantasmagorie imaginaire avait passé devant mes yeux.

J'avais jadis arrosé la verve de mes chanteurs vénitiens avec des flots de vin de Chypre; j'ai bien peur que mes virtuoses montagnards n'aient fait, sans que j'eusse à me le reprocher, que de bien tristes libations!

Ils finirent ce festival improvisé par un bonsoir assez savant, passant dans plusieurs tons avec des modulations ménagées. Le chant eût pu durer une partie de la nuit, mais le couvre-feu vint à sonner; ils se retirèrent et je leur dus de très-doux rêves.

Les enfants du Midi, même les plus incultes, chantent comme nous parlons; la musique est leur langue maternelle; leur grand maître, c'est le soleil inspirateur, car c'est lui, lui seul, qui illumine les âmes. Ames sans soleil, âmes sans poésie!

**

Excepté deux haltes, l'une à Biarritz, l'autre à Pau, je me suis arrachée trop vite à ces belles scènes de la nature. Mes yeux ont été constamment charmés, et j'ai acquis une heureuse certitude, celle qu'il y a encore en moi une force qui pourrait fournir à une longue excursion et un esprit qui a des yeux et qui, dès lors, avec le temps, se rendrait compte de ce qu'ils regardent. Le vif et profond amour de la nature, chez moi, n'est point épuisé, tant s'en faut. Ce qui me tue lentement, mais sûrement, c'est la vie monotone de tous les jours, c'est une existence qui s'achève sans mobile et sans but.

Je vivrais de ce qui tuerait tout le monde, et je meurs de ce qui arrangerait les trois quarts de l'humanité.

Malheur à qui arrive à une clairvoyance qui répand

partout sa lumière, car à sa lueur tout s'enlaidit! On distingue le masque du visage, la personne du personnage, et l'on souffre encore plus de ce qu'on devine que de ce qu'on vous montre. Cette science vous donne une intuition fatale et le pressentiment de toutes les misères. On devient ingénieux à se créer des douleurs; pauvre, pauvre nature humaine! Le vieil Orient l'a dit : « Nous avons été formés d'une poussière argileuse détrempée dans les larmes! »

Mais ce qu'il faut éviter avant tout, c'est l'ennui; l'ennui qui verse dans la coupe que cherchent nos lèvres l'amertume et le dégoût.

C'est l'ennui qui nous retient dans les lourds anneaux d'une chaîne de plomb; l'ennui, mal incurable, langueur de l'âme, atonie de l'esprit, qui succède aux grandes commotions. Ce n'est point un mal violent, c'est un mal triste, c'est un affadissement du cœur, qui rejette tout ce qui pourrait le distraire; c'est une somnolence éveillée, qui n'est ni la veille ni le sommeil; fuyons, fuyons cet ange funèbre, aux ailes poudreuses, à l'œil éteint; son contact a quelque chose de mortel.

Le poëte italien a dit : « L'ennui est le mal des sots. » J'aime mieux le poëte qui a écrit : « L'ennui, c'est le symptôme du génie! »

Jeune, on est une fièvre vivante ; plus tard l'accès a passé. Ne remercions pas la destinée si elle nous gratifie de quelques dons, surtout s'ils n'ont servi qu'à accroître les exigences du cœur et de l'esprit, si difficiles à satisfaire. On court après un idéal qu'on ne rencontre pas ; on emploie pour soulever un atome la force qu'il faudrait pour ébranler une montagne ; l'effort vous tue !... On rêve des joies impossibles, ou l'on veut un bonheur simple et vrai que le sort vous refuse, et l'on ne doit à la vie rien de ce qu'on y cherchait ; puis l'on arrive à dire de toutes ces réalités : « Quoi ! ce n'est que cela ! » On veut arranger son malheur ou son ennui, on les aggrave ! Combien d'amertumes s'amassent dans l'âme ; on compte des années de souffrance, et quelques quarts d'heure d'illusion, de beaux songes qui s'évanouissent, comme les rêves au réveil du jour !

Et qui comprendra ces souffrances? C'est livre clos que l'histoire d'une âme, avec ses joies fébriles ou ses tristesses inénarrables, qui vous font vivre douloureusement et dont on doit mourir !

＊

L'un des bonheurs de mon passé, c'est d'avoir vu de belles contrées éclairées du soleil de ma jeunesse, à l'âge où l'âme commence à s'épanouir, où elle est en fête! Pourtant, je dois le dire, ce dernier voyage a fait bondir mon cœur d'une joie oubliée.

❦

Je m'arrête à Saint-Bertrand de Comminges :

On suppose que cette ville, jadis importante, devenue bourg aujourd'hui, a été bâtie par Pompée, soixante-neuf ans avant l'ère chrétienne.

Les Goths en furent chassés par Clovis au bout de trois siècles.

Lyon de Comminges s'y établit au milieu du onzième siècle. Avec le temps, l'évêché de Comminges prit de l'importance ; il en sortit deux papes et six cardinaux.

Saint Bertrand édifia l'église actuelle au onzième siècle; la façade est romane et l'intérieur appartient au style ogival. La plupart des sculptures sont en bois et datent de la Renaissance. La nef est entourée de onze chapelles. Les scènes de la Bible et du Nouveau Testament qui les décorent, sont dues à d'habiles ciseaux ; les peintures sont des plus curieuses, les boiseries de l'orgue, des confessionaux, de la chaire à prêcher, m'ont rappelé celles de *Sainte-Gudule*, de Bruxelles; elles ne leur cèdent en rien.

La carcasse d'un crocodile est appendue aux murs de l'église. Ce monstre passe pour avoir été tué par saint Bertrand lui-même. La légende nous dit qu'il ravageait la contrée. Saint Bertrand lui ayant ordonné de venir au pied des marches de l'église, il obéit, et l'évêque lui donna la mort.

Je croirais plutôt que cette relique fut un présent de quelque croisé revenant de la Terre Sainte. En général, les traditions populaires me trouvent peu crédule. Ceux qui croient le plus fortement à ces récits, sont ceux qui ne peuvent pas raisonner leur croyance. D'autres, dans leur fanatisme, ne permettent le doute à personne; on leur dit, en vain, que si toutes les vérités pouvaient se prouver, il n'y aurait pas tant de *douteurs* en ce monde. La crédulité est la vertu de ceux qui n'en ont pas d'autres.

Les trois fenêtres ogivales qui s'ouvrent au fond du chœur de l'église, sont fermées par des vitraux d'une rare beauté.

Pendant les troubles révolutionnaires, on avait déjà apporté au milieu du temple le bois qui devait le consumer. Au moment où les Vandales allaient mettre le feu au bûcher, ils furent dispersés par les braves habitants de Comminges, qui les chassèrent, et ils payèrent de leur vie cette tentative contre Dieu et l'art chrétien.

Qui me dira pourquoi cette petite ville ancienne me rappela Leyde, la patrie de Rembrandt, de Mieris, des Elzévirs, de Gérard Dow, de Van der Velde? Ici, je revois la Hollande, et pourquoi?

Une pluie torrentielle nous accompagne depuis le matin et redouble à notre sortie de l'église. Nous trouvons un abri dans une chaumière où nous sommes accueillis avec une cordiale hospitalité par une bonne famille de villageois.

Il y a donc aussi la noblesse de la nature? Et c'est peut-être la meilleure!

Un feu vif de ceps de vigne brûle au fond d'une énorme cheminée de pierres noircies par la fumée et le temps. L'âtre est couvert de la cendre blanche des genêts, des maïs de l'an passé, des châtaignes cuites au four. De gros sacs de froment se tiennent debout le long des murailles; l'aïeule a établi son domicile au fond de cette vaste cheminée; de grosses poutres enfumées forment le plafond, et l'araignée y file à l'ombre. Le jour n'entre dans la chaumière que par une petite fenêtre basse qui donne sur la campagne. C'est ici, que, durant les longues soirées d'hiver, se redisent les légendes, aux heures de travail des fileuses et au bruit monotone des rouets.

Je trouvai là ce que l'on rencontre dans la plupart des chaumières de France, le portrait de Napoléon Ier. Mon hôte, vieux soldat de Marengo, ne l'avait point oublié.

Napoléon voit grandir son nom dans les plaines de l'Italie. Pour l'élever encore, il abandonne nos frontières menacées et court demander à l'Egypte le merveilleux des expéditions lointaines. L'horreur des supplices révolutionnaires est remplacé par le carnage des champs de bataille. Nos plus belles légions avaient péri dans les contrées étrangères; l'invasion de 1814 vint mettre le sinet à nos triomphes, et dix peuples jaloux, passant nos frontières, dressèrent leurs tentes sous les murs de Paris.

Napoléon expira sur le vaste échafaud de Sainte-Hélène, descendant tout vivant dans la paix du tombeau!...

Si nous jetons un regard sur l'histoire, nous verrons qu'aux guerres religieuses ont succédé les guerres d'affranchissement et de liberté; puis les guerres de conquêtes, qui sont les guerres de notre époque. Espérons qu'elles finiront par devenir les guerres de défense, seules permises quand l'Europe se sera reconstituée. L'homme n'est point une bête féroce dont le sang doive éternellement couler.

La fille aînée de nos hôtes, mariée à un bon laboureur, voulut me présenter son premier-né; mais l'enfant dormait. Elle me fit passer pour le voir, dans une pièce voisine de celle où se tenait la famille. Elle l'eût éveillé en me l'apportant; je reconnus la mère à ce soin.

Il y a des temps dans la vie où l'on peut dire avec le prophète : « Bien heureux sont les morts! » Croyez-moi, lecteurs, si quelque grand malheur vient vous frapper, si une perte de cœur vous laisse inconsolable, partez, voyagez, le voyage seul vous raccommodera avec la vie.

Une diversion puissante vous viendra sans le moindre effort pour la chercher. Elle vous arrivera par les yeux, et de là elle ira à votre esprit, tout près de votre cœur.

A chaque tour de roue, n'aurez-vous pas une détermination à prendre? Devons-nous aller à droite ou à gauche? vous demandera-t-on; il faut vous prononcer. La locomotion du corps est favorable aux douleurs de l'âme, du moins pour certaines natures, et je suis de celles-là.

C'est un malentendu de la destinée de m'avoir rivée à une vie monotone. Hirondelle voyageuse, j'aimerais à franchir les mers pour aller me poser sur les ruines de quelques grandes cités du vieux monde. Sombre et rêveuse, je m'attriste dans un monologue intérieur que j'achèverai, sans doute, sur une autre rive!

Après les montagnes, la plaine !...

Décidément, la nature nous a faits pour la variété. Aujourd'hui, j'appelle à moi cet horizon qui s'ouvre indéfiniment; demain peut-être, je soupirerai après les montagnes.

C'est ainsi que nous sommes sur cette terre, désirant ardemment ce que nous n'avons pas; nous souciant peu de ce que nous possédons, et regrettant amèrement ce que nous avons perdu. Voilà de singuliers éléments pour le bonheur !

Il semble que l'œil ait besoin d'un horizon lointain comme l'esprit d'un avenir insaisissable. L'esprit et l'œil

ne veulent pas être circonscrits dans un espace borné.
L'œil veut un horizon qu'il puisse à peine saisir, comme
l'âme tend vers une espérance illimitée !

Je me résume et je dis, que les Pyrénées sont fort belles à voir. Je n'approuve pas le mode des comparaisons et je me garderai bien de mettre en parallèle les monts pyrénéens et les Alpes. Cette manie de comparer ne semblerait-elle pas prouver qu'en voulant se donner une préférence, l'âme humaine se sent trop étroite pour contenir deux admirations ? C'est peut-être un fait avéré dont je ne veux pas convenir.

Les Alpes, échine du vieil univers, présentent à l'œil des hauteurs inexplorées ; elles sont riches en lacs et en fleuves, « et les fleuves, ces grands chemins qui marchent, » a dit Pascal, le Rhin, le Rhône, etc., coulent au pied des Alpes ou sortent de leurs flancs ; puis viennent les glaciers éternels et les cascades bondissantes.

Celui qui a parcouru l'Oberland Bernois, aura vu dans un étroit espace, tout ce que l'Helvétie offre de merveilles : mers de glace, eaux limpides où la nature aime à se mirer.

Dans les Pyrénées, rien ne donne l'idée des neiges immaculées du Mont-Blanc, sublimes de blancheur ; mais aussi quels éclatants soleils, quels sommets olympiens !

J'aime les vallées des Pyrénées, fraîches et souriantes ; dans la plupart de celles des Alpes, à peine trouve-t-on quelques arbres chétifs, quelques sillons d'orge et de folle avoine, qui poussent péniblement.

La Suisse montre çà et là de jolis chalets, qui inspirent à ceux qui s'y arrêtent, la pensée d'y rester indéfiniment. Le montagnard des Pyrénées vit en lutte constante avec la nature ; mais ses monts sont, pour la plupart, verts et riants ; ils ne présentent pas à la fois les aspects terrifiants et grandioses, les splendides horreurs des Alpes, que la nature a dotées de ses beautés les plus sévères.

Dans les Alpes comme dans les Pyrénées, on trouve sur le sommet des montagnes, des chalets isolés où l'homme a la force de supporter la vie, face à face avec Dieu, au sein de l'immensité.

Si j'aime les Alpes, j'aime aussi les Pyrénées.

Mais j'aime par-dessus tout l'Italie. Vive, vive cette contrée où l'art ajoute ses merveilles à celles de la nature !

Je sais mon Italie par cœur et j'y passe la moitié de

ma vie par la pensée. Être jeune lorsqu'on fait ce voyage, dans ce temps où l'on est comprise à demi-mot, où une autre pensée achève toujours votre pensée, aux heures où l'on recueille la rosée du matin de la vie, aux heures colorées de la jeunesse, c'est entrevoir une belle nature à travers les mille facettes de l'illusion, qui embellit, illumine tout ce qu'elle nous montre.

Ce qu'on voit le matin aux lueurs d'un beau jour qui se lève, ressemble-t-il à ce qu'on aperçoit le soir, sous les lueurs voilées du crépuscule ?

La vie a son matin, son midi et son couchant! A l'heure où le soleil se retire, il jette encore quelques rayons lumineux qui dorent l'horizon ! Lorsqu'il a disparu, tout s'éteint, toutes les couleurs pâlissent; on ne discerne plus rien, rien, sous les ombres de la nuit ; mais je ne veux pas en être à ces heures-là ! marchons !....

J'ai eu de bien vives émotions dans ce voyage des Pyrénées : Gavarnie, le col d'Aspin, l'entrée des Eaux-Chaudes, quelles belles et grandes créations ! Et il faut dire adieu à tous ces sites, sans espoir, peut-être, de les revoir jamais !

Qu'est-ce que la vie ? Est-ce autre chose qu'un rêve éphémère ? Nous voulons tout avoir, tout posséder, et pourquoi? Pour tout perdre !

Ne vivons-nous pas en face de la plus formidable des incertitudes, celle de la durée de notre vie ? Qui nous dira, quand viendra à sonner cette heure qui de toutes sera la dernière ? Est-ce demain, ou plus tard, qui le sait ? Dieu seul !

Ici-bas, nous sommes en route pour l'éternité, et notre voyage peut nous conduire bien vite au but.

⁂

Dans le nord, que vais-je trouver ? Une nature pâle, pluvieuse, un ciel boudeur ! Nature qui donne l'éveil à mille pensées tristes, revenant à toute heure ! Terre humide et froide où les feuilles mortes crient sous nos pas; un ciel gris, sans couchant et sans aurore; un soleil qui jette à peine sur nous un pâle regard en plein midi; de pauvres roses effeuillées et flétries sous les blanches gelées; des nuages qui nous inondent de pluie, voilà pour les automnes ! Puis l'hiver viendra pleurer sous ses habits de deuil. La neige tombera à flocons ; sur les vallées, sur les collines on n'entendra plus l'alouette matinale, ni le rossignol, ce chantre des belles nuits. A la place des narcisses, des anémones, des roses, des jasmins, viendra l'ellébore, la fille des hivers, la blanche rose de Noël !

Voici les pâles jours d'hiver ;
Tout s'assombrit à notre vue,
La neige flotte au gré de l'air ;
Tout se flétrit : la terre est nue !
Plus de cris joyeux dans les champs.
Dans nos bosquets plus de mystères,
Et sous leurs rameaux solitaires,
Les oiseaux ont cessé leurs chants.

A nos buissons plus d'églantine,
Parmi les prés plus de bluets,
L'or étincelant des genêts
Ne jaunit plus notre colline.
Ecoutez le triste aquilon :
C'est le signal de la tourmente ;
Le pauvre, effrayé, se lamente...
Que de mains vides au vallon !

Triste ellébore, fleur tardive
Que l'hiver sème sous nos pas,
Vous vivez du demi-trépas
Qui tient votre sève captive !
Par vos grâces l'enfant séduit
Vient compter d'une main timide
Les pleurs de votre sein humide,
Collier de perle qui reluit.
Dans votre corolle évasée,
Sur votre front beau de pâleur,
Gardez toujours cette rosée
Qui sied bien à votre candeur.

O jours ! soyez plus beaux, et vous, nuits, plus sereines ;
Pour la timide fleur, ô vents, soyez plus doux ;
Brises, caressez-la de vos fraîches haleines,
Cette enfant des hivers, elle fleurit pour nous.

Ellébore, êtes-vous la fleur des fiancées,
Avec vos voiles blancs, vos robes nuancées,
Ou venez-vous si tard pour parer la douleur?
A qui donc êtes-vous, dites, ô simple fleur?
      Vers lui le soleil vous attire,
Quand sous son froid baiser vous cherchez à sourire;
Dites, charmante fleur, à qui donc êtes-vous?
L'ellébore répond : « Je suis la fleur des fous! »

    Consolez-vous, ô pauvre délaissée,
      Si des fous vous êtes la fleur,
Vous serez donc la fleur de ceux dont la pensée
    Du genre humain fait toute la grandeur !

Le monde appelle fous ces hommes de génie
Que l'idéal emporte au céleste séjour;
    Fous, ces héros pour lesquels la patrie.
      Est le grand, le suprême amour;
    Fous, ces martyrs et cette noble race
Dont le pied sur la terre empreint sa forte trace,
Fous sublimes! mourant pour le salut de tous:
Soyez fière, humble fleur, d'être la fleur des fous!!

Adieu les hautes bruyères, les genêts aux feuilles d'or ; adieu les tapis de pervenches et de violettes ; la grande voix de l'hiver se plaint déjà sous le bois. Puis l'année mourra dans les brouillards et dans les tristesses du vent et des tempêtes !

Et c'est alors qu'on songe et que l'on regrette, hélas ! Et que nous revient-il de ces voyages dans le vide? Éblouissements, vertiges, lassitude !...

Que de chemin l'on fait sans changer de place ; quelles périlleuses traversées ! Il vaut mieux s'avancer d'un pas ferme au devant des horizons que la nature ouvre devant nous. Il faut aborder les contrées les plus sereines, les climats les plus tempérés, et comme l'oiseau, fendre l'azur du ciel. Laissons les rêves moqueurs et vagues, mais rêves décevants ! Que l'âme est lasse au retour de ces folles excursions !

Encore une fois, adieu belles montagnes, riches vallées ! Ce mot adieu réveille en moi un tressaillement intérieur et la douleur de vous quitter !..

Je vais retrouver ma chère prison, je vais recueillir mes idées, et reprendre ma plume ou mes crayons ; j'ai éprouvé que le souvenir se changerait en mélancolie désespérante s'il ne s'exhalait en prose ou en vers.

Mais non, non, les voyages pour moi ne sont pas finis... Chaque année, je reverrai un nouveau ciel, j'irai chercher une nouvelle patrie. Si j'ai encore à attendre de la vie quelques sensations douces et fortes, vives et émouvantes, c'est à la nature seule que je les demanderai !

TABLE DES MATIÈRES

pages

CHAPITRE PREMIER.

Départ de Paris. — Quelques jours à Vichy. — Rencontre en chemin de fer. — Bordeaux. — Hôtel de Ville et Musée. — La prison cellulaire. — Cimetière de Bordeaux. — Départ . . . 1

CHAPITRE II.

Les Landes. — Les pâtres. — Les marais Pontins. — La Mothe. — Dax. — Bouheyre. — Le chêne. — John Bull. — Bayonne. — Les Juifs. 27

CHAPITRE III.

Marianotte. — Colombelles. — Réflexions. — Départ de Bayonne. — Biarritz. — Vieux-Port. — La mer. — Villa Eugénie. — La chambre d'amour. 47

CHAPITRE IV.

La Villa Eugénie. — L'Atalaye. — Un orage. — Le Casino. — Route de Biarritz. — L'âne du Boucau. — Saint-Jean de Luz. — Ciboure. — Les Gitanos. — Urtubi. — Urugue. — Béhobio.

— L'île des Faisans. — Irun. — Los Passagès. — Saint-Sébastien 71

CHAPITE V.

Saint-Sébastien. — Couvent de Sainte-Thérèse. — Église de San Vincente. — Citadelle. — Santa-Maria. — Réflexions. — Deux mots d'histoire. — Byron 91

CHAPITRE VI.

Hernani. — Pampelune. — Route de Bayonne à Pau. — Orthez. — Pau. — Henri II et Marguerite de Valois. — Gaston-Phébus. — François Ier. — Charles-Quint. — Château de Pau. — Desperriers. — Clément Marot 113

CHAPITRE VII.

Cour de la reine de Navarre. — Salons des dix-septième et dix-huitième siècles. — Paroles de Marguerite de Navarre. — Mort de François Ier et de Marguerite. — Jeanne d'Albret. — Antoine de Bourbon. — Naissance de Henri IV. — Mort de Henri II et de Jeanne d'Albret. — La Saint-Barthélemy . . . 133

CHAPITRE VIII.

Entrée de la reine Marguerite à Pau. — Mort de Henri III. — Catherine de Navarre. — Mort de Henri IV. — Guerres religieuses. — Château de Pau. — Abd-el-Kader 155

CHAPITRE IX.

Le château de Pau le soir. — Mots d'Abd-el-Kader. — Sa lettre à Schamyl. — Gélos. — Départ de Pau. — Le savant. — Doute sur le siècle. — Milady. — Arudy. — Louvie. — Laruns 177

TABLE DES MATIÈRES

pages.

CHAPITRE X.

Laruns. — Eaux-Bonnes. — L'Impératrice Eugénie. — Cascade Valentin. — Promenade horizontale. — Les hêtres. — Souvenirs de Pau. — Eaux-Chaudes. — Gabas. — Bétharam. — Orage. 199

CHAPITRE XI.

Saint-Pé. — Saint-Savin. — Légende. — Lourdes. — Pierrefitte. — Cauterets. — L'ours. 219

CHAPITRE XII.

Les ours. — L'isard. — Les nobles. — La grange de la reine Hortense. — Le pont d'Espagne. — Le lac de Gaube. — Vignemale. — Saint-Sauveur. — Luz 237

CHAPITRE XIII.

La brèche de Roland. — Gavarnie. — Barèges. — Bagnères-de-Bigorre. — Les Coustous. — Les oiseaux. — Convoi d'une jeune fille. — L'Élysée Cottin. — L'Escale-Dieu. — La rose solitaire. 257

CHAPITRE XIV.

Vallée de Campan. — La chaumière. — Col d'Aspin. — Arreau. — Vallée de Louron. — L'amour. — La foi. — Les pauvres. 287

CHAPITRE XV.

Bagnères-de-Luchon. — Cascades du Lys. — Chanteurs des montagnes. — Saint Bernard de Comminges. — La chaumière. — Retour 307

www.ingramcontent.com/pod-product-compliance
Lightning Source LLC
Chambersburg PA
CBHW060630170426
43199CB00012B/1505